„Dieses Buch will ein Rüstzeug geben – zur Abwehr von Spaltungsversuchen und zur Verteidigung fair geführter, demokratischer Diskussionen."

INGRID
BRODNIG

Wider die Verrohung

INGRID
BRODNIG

Wider die Verrohung

ÜBER DIE GEZIELTE ZERSTÖRUNG
ÖFFENTLICHER DEBATTEN

Strategien & Tipps, um auf Emotionalisierung
und Fake News besser antworten zu können

Brandstätter

Vorwort

Die Rhetorik von Politikerinnen und Politikern kann so ausgerichtet sein, dass sie das Schlechteste aus Menschen herausholt: dass sie Neid, Missgunst, Misstrauen und Schwarz-Weiß-Denken nährt. Wir befinden uns in einer Zeit, in der genau das beobachtbar ist. Mit aufgeladenen Worten fördert politisches Spitzenpersonal, aber auch andere Personen und Interessengruppen eine Spaltung, Social Media wiederum eignet sich gut, um Feindbilder wiederholt zu verbreiten und zu verfestigen. Die Debatte ist dermaßen verroht, da wird zum Beispiel im Deutschen Bundestag behauptet, die Regierung würde Deutschland „hassen". In Österreich sagt der Chef einer rechtspopulistischen Partei, dass er bereits eine „Fahndungsliste" erstellt habe – auf der sich die Namen von Politikerinnen und Politikern anderer Parteien finden. Und sogar zu Gewalt kann es kommen, etwa wenn in der Politik tätige Personen physisch angegriffen werden.

Ich schreibe dieses Buch, weil mir diese Situation nicht behagt – und weil ich es für wichtig empfinde, die Methoden zu verstehen, wie politische Diskussionen zur Eskalation gebracht werden. Ich werde deshalb sprachliche Tricks und Mechanismen erklären, mit denen politische Spaltung herbeigeführt wird und mit denen Menschen zum Feindbild gemacht werden. Darunter fallen zum Beispiel der Einsatz emotional aufgeladener, moralischer Worte; die Diskreditierung anderer; die Provokation von Wut; und auch rhetorische Ablenkungsmanöver, um den Fokus von unerwünschten Themen wegzulenken. Solche Tricks führen zu einer verrohten Diskussionskultur, in der vorrangig jene Aufmerksamkeit erhalten, die besonders laut oder derb auftreten.

Ebenfalls spielen mediale Mechanismen hier eine Rolle. So verleihen die großen Digitalplattformen in ihrer heutigen Ausrichtung denjenigen, die auf Provokation aus sind, gesteigerte Sichtbarkeit, und auch etablierte Medien ringen mit der Frage, wie sie auf kalkulierte Tabubrüche reagieren können. Zu solchen Fragen können wir aber auch interessante Denkanstöße und Anregungen finden.

Genau darum geht es im zweiten Kernelement des Buchs: Es besteht Grund zur Hoffnung. So gibt es verschiedene Rezepte, um als Gesellschaft sowie als Einzelne auf rhetorische Eskalations- und Ablenkungstaktiken zu antworten und die Verrohung in der Diskussionskultur ein Stück weit zurückzufahren. Ich werde beispielsweise erprobte Ansätze beschreiben, wie Menschen (wieder) besser ins Gespräch kommen können. Oder wie man reagieren kann, wenn nachweisbar etwas Falsches verbreitet wird. Auch finde ich interessant, dass das Appellieren an Empathie etwas bewirken kann. Blickt man näher hin, lassen sich sehr wohl kleinere Kniffe sowie größere Ideen finden, wie man die demokratische Debatte gegen Eskalationsversuche verteidigen und Feindseligkeit verringern kann. Solche Best-Practice-Beispiele werden in diesem Buch erläutert. Am Rande gehe ich auf die Frage ein, wie ein achtsamer Medienkonsum aussehen kann – damit man sich nicht von all den negativen und aufwühlenden Nachrichten in der heutigen Zeit zermürben lässt, sondern Acht gibt auf die eigenen Energiereserven und die einem zur Verfügung stehende Zeit.

Jede und jeder Einzelne hat die Möglichkeit, die Diskussionskultur mitzuprägen, und sei es allein dadurch, dass man nicht selbst in solche Schwarz-Weiß-Fallen im eigenen Denken oder der eigenen Rhetorik tappt. Dieses Buch beschreibt also Methoden der Diskussionszerstörung und liefert Tipps zur Gegenwehr. Eines möchte ich dabei betonen: Auch wenn wir uns hier vorrangig mit einer kommunikativen Analyse beschäftigen, geht es bei diesem Thema selbstverständlich um das Bewahren demokratischer Werte. Denn ein fairer Austausch von Argumenten in einer pluralistischen Demokratie ist nur möglich, wenn wir auf die Art des Umgangs miteinander achten, wenn sich Menschen nicht durch Beleidigungen oder Bedrohungen eingeschüchtert fühlen müssen und wenn wir auch Versuche abwehren, von den großen Herausforderungen unserer Zeit (wie der Bewältigung der Klimakrise) durch rhetorische Nebelgranaten oder dem wiederholten Anzweifeln von Fakten abzulenken. Dieses Buch will ein Rüstzeug geben – zur Abwehr von Spaltungsversuchen und zur Verteidigung fair geführter, demokratischer Diskussionen.

KAPITEL 1

Eskalation als Geschäft

Immer wieder staune ich, wie wenig ausreicht, um hitzig geführte Diskussionen auszulösen. Lassen Sie mich ein Beispiel geben: Im Mai 2023, am Pfingstsamstag, prangt in der Online-Ausgabe der *Bild*-Zeitung die Schlagzeile: „Nur noch eine Wurst pro Monat für jeden!“ Dazu sieht man eine schön angerichtete Currywurst. Gleich zu Beginn des Artikels warnt Deutschlands größtes Boulevardmedium sein Publikum, „diese Nachricht könnte ihnen das Essen vermiesen.“ Der Anlass: Die *Bild* hatte in Erfahrung gebracht, dass die Deutsche Gesellschaft für Ernährung (DGE) an neuen Ernährungsempfehlungen arbeitet. Die DGE ist laut eigenen Angaben die „für Deutschland zuständige Wissenschaftliche Fachgesellschaft im Bereich Ernährung“.[1] Intern plante sie, die Empfehlungen, wie viel Fleisch Menschen essen sollten, herabzusetzen. Die *Bild*-Zeitung spricht daraufhin von einem „brisanten Vorschlag zum Fleischkonsum“. Und berichtet, die Fachgesellschaft für Ernährung wolle in Zukunft zehn Gramm Fleisch pro Tag empfehlen: „Das entspricht nicht einmal einer ganzen Scheibe Mortadella (15 Gramm)! Oder anders gesagt: Pro Bürger wäre nur noch eine Currywurst pro Monat drin!“[2]

Eine wichtige Information zur Einordnung: Die Empfehlungen der DGE sind nicht verpflichtend. Alle Deutschen dürfen weiterhin so viel Currywurst, Mortadella, Döner oder Cevapcici essen, wie es ihnen mundet. Doch das Boulevardblatt nutzt eine Wortwahl, welche bereits die bloße Anregung, weniger Fleisch zu essen, skandalisiert: Vorrangig ist von einem „radikalen Fleischverzicht“ und von einer „neuen Höchstgrenze“ die Rede. Erst später und eher nebenbei wird der klare Hinweis eingebracht, dass sich niemand an die Empfehlungen halten muss, eingebettet ist dieser Hinweis in weitere Kritik. Sie können sich womöglich vorstellen, wie das Thema online diskutiert wird: Auf Facebook schreibt ein User: „Ihr könnt euch 1Wurst im Monat dahinschieben wo die Sonne nicht Scheint". Auf Google Maps hinterlässt jemand eine negative Bewertung der DGE und meint: „Hilfs und Verbots Verein der Grünen Klimaspinner Sekte !!! Wollen uns das Fleisch essen verbieten ! Was für ein drecks Verein !"

Relevanter ist folgende Reaktion: Der bayerische Ministerpräsident Markus Söder (CSU) postet diese Geschichte auf Twitter und schreibt dazu: „Warum soll immer alles verboten werden? Was die Menschen essen, sollen sie selber bestimmen. Wir leben in einer Demokratie."[3] Jetzt kocht es weiter hoch: Die einen schimpfen über die DGE, die anderen über Söder. Eine Userin meint: „Ich hasse es, wenn Menschen sich so dumm anstellen!!!" Ein anderer Account sagt: „Der ewige Populismus-Zirkel: Dinge kommentieren, die eigentlich niemand gesagt hat."

Letztere Kritik halte ich persönlich für angemessen: Söder stellt ein angebliches Verbot in den Raum, obwohl die DGE gar keine Möglichkeit hat, Menschen etwas zu verbieten. Mit dieser Aussage trägt er zusätzlich zur Aufgeregtheit in dieser Debatte bei. Mich irritiert, dass eine solche Dynamik kein Einzelfall ist: Über soziale Medien und die Berichterstattung in Zeitungen, auch in einflussreichen Blättern, erleben wir vielfach Diskussionen, die von Eskalation geprägt sind – in denen es wenig um Fakten oder um ein Abwägen unterschiedlich ausgerichteter Standpunkte geht, sondern in denen mit Emotionalisierung und politischer Zuspitzung dafür gesorgt wird, dass es rasch zu einer Spaltung in verschiedene Lager kommt. Schlimmstenfalls schadet das unserer Demokratie, denn diese braucht Raum für unaufgeregteren Austausch. Haben wir diesen Raum noch zur Genüge?

Bleiben wir kurz beim eigentlichen Anlass des Zeitungsartikels. Die Deutsche Gesellschaft für Ernährung erwägt, den Menschen künftig weniger Fleischkonsum zu empfehlen. Klar, Ernährung ist ein emotionales Thema, wir alle müssen essen, Essen ist auch eine Genusssache und zu einem gewissen Grad sogar Teil unserer Identität – zum Beispiel verbinden viele von uns mit bestimmten Gerichten schöne Kindheitserinnerungen. Aber eine Fachgesellschaft wie die DGE denkt sich ihre Empfehlungen zur Ernährung nicht aus Jux und Tollerei aus, sondern berücksichtigt medizinische Erkenntnisse und mittlerweile auch Nachhaltigkeitsfragen. Viel Fleisch zu essen, ist einerseits ungesund, und andererseits hat die landwirtschaftliche Tierhaltung leider eine schlechte CO_2-Bilanz, verglichen mit der Produktion pflanzlicher Lebensmittel. Ich kann gut nachvollziehen, dass Menschen lieber nicht hören wollen, sie sollen weniger Fleisch essen, denke aber auch: Angesichts der Tatsache, dass es eine Klimakrise gibt (das heißt, die Erde wird heißer und der Mensch verursacht die Erhitzung der Erdoberfläche mit seinen Treibhausgasemissionen), ist es nachvollziehbar, dass wir auch über die Rolle von Ernährung und Landwirtschaft vermehrt nachdenken sollten. Ich bin selbst Fleischesserin und mich beschäftigt zum Beispiel die Frage: Bei welchen Gerichten kann ich Fleisch oder Wurst durch pflanzliche Produkte ersetzen, ohne dass ich einen großen Unterschied merke? Auch ein Politiker wie Markus Söder hätte diese Nachricht nehmen können, um eine ernsthaftere Debatte anzustoßen. Was ist etwa sein politischer Plan, um die Landwirtschaft im eigenen Bundesland zu unterstützen, sich passend auf klimatische Veränderungen vorzubereiten? Nur: Politisch ist es wahrscheinlich einfacher, gegen angeblich drohende Verbote von Fleischkonsum zu poltern, als sich solchen komplexen Sachfragen zu stellen. Und ich fürchte, einige Politikerinnen und Politiker haben auch medial gelernt, dass sich Poltern oft mehr lohnt als Differenzieren – in Form von Likes und Sichtbarkeit.

Ich schreibe dieses Buch, weil ich den Eindruck habe, dass wir derzeit eine Tendenz zum Emotionalisieren und Zuspitzen erleben, unter anderem angetrieben von den Logiken sozialer Medien, aber auch der bewusst spaltenden Rhetorik von rechtspopulistischen bis rechtsextremen Parteien und jenen, die diesen Stil nachahmen, aber politisch anderen Lagern angehören. Viele provokante Wortmeldungen verfolgen wohl oft ein Ziel. Ein solches kann sein, ein Thema nicht in seiner Komplexität, in seinen Grautönen zu präsentieren, sondern in einer simpleren Schwarz-Weiß-Optik, die eine Lagerbildung erleichtert. Wir alle müssen aufpassen, in der eigenen Reaktion auf solche Polarisierungsversuche nicht selbst die Grautöne aus dem Blick zu verlieren. Mir erscheint zur Einordnung oft hilfreich, die konkret verwendete Sprache anzusehen und wiederkehrende Muster zu identifizieren, wie Emotionalität begünstigt und Polarisierung erleichtert wird.

Grundsätzlich gilt: Sprache hat einen Effekt. Indem man Signalworte verwendet, kann man dem eigenen Publikum zum Beispiel suggerieren, dass es gleich Gelegenheit für Empörung bekommt. Der *Bild*-Artikel zum drohenden Fleischverzicht beginnt mit den Worten: „Frühsommer, Sonne, freies Pfingstwochenende – Millionen Deutsche freuen sich aufs Grillen! Doch diese Nachricht könnte ihnen das Essen vermiesen. Die Deutsche Gesellschaft für Ernährung (DGE) plant neue Richtlinien für ihre Essens-Empfehlungen. Und will den Bundesbürgern einen radikalen Fleischverzicht nahelegen. Aus einem brisanten internen Dokument zur neuen ‚Lebensmittel-Strategie' (...)"

Schon die Einleitung hebt die Nachricht auf eine emotionale Ebene („freuen", „vermiesen") und liefert dann wertende Zuschreibungen („radikaler Fleischverzicht", „brisantes internes Dokument"), wie man sie verstehen könnte. Solche Texte bieten eine Steilvorlage für Aufregung, also dafür, dass sich ein Teil des Publikums lautstark und teils nicht zimperlich in der eigenen Wortwahl zu dem angeblich brisanten Vorfall öffentlich zu Wort meldet. Dieser Text wurde natürlich auf Social Media verbreitet und löste allein auf Facebook fast 1000 Kommentare aus. Die etwas beruhigender klingende und deutlich formulierte Information, dass die Empfehlungen der DGE eben nicht verpflichtend sind, wird, wie schon gesagt, erst nach der emotionalen Einleitung geliefert.[4]

Allgemein können – und sollten – wir immer fragen: Welche Infos werden in einem Text eher vergraben oder gut kaschiert? Wir wissen nämlich, dass viele Menschen Artikel im Internet nicht so genau lesen, ja dass manche sogar Artikel mit anderen teilen, *ohne* sie selbst aufgerufen zu haben.[5] Bei Online-Medien, die Werbung einblenden und damit Geld verdienen, kann das zu einer Verlockung führen: Man spitzt im Titel und den ersten Zeilen des Textes zu, liefert vielleicht sogar leicht irreführende Headlines, die aber Aufmerksamkeit erregen und gut geklickt werden. Falls dann Kritik folgt, lässt sich als Einwand bringen, dass irgendwo im Artikel die Sachlage beschrieben werde (auch wenn das ein Teil des Publikums nicht mitbekommt).

Sprache ist auch deshalb interessant, weil manche Wörter eine besondere Verbreitungswirkung haben. Nehmen wir zum Beispiel politische Social-Media-Postings. Der US-Psychologe William J. Brady und seine Kollegen analysierten, wie republikanische und demokratische Abgeordnete sowie der republikanische Präsidentschaftskandidat Donald Trump und die demokratische Kandidatin Hillary Clinton auf Twitter in den zwölf Monaten vor der US-Wahl 2016 kommunizierten. Wenn solche politischen Führungsfiguren moralisch-emotionale Sprache in ihren Beiträgen verwendeten, stieg die Wahrscheinlichkeit auf Retweets – also dass viele Menschen diese Beiträge weiterleiteten. Es handelte sich um Begriffe wie „wars“, „blame“, „greed“, „sickening“, „immoral“ oder „protest“, „hate“, „offensive“, „hell“, „abusers“ (Kriege, Schuld, Gier, ekelerregend, unmoralisch, Protest, Hass, anstößig, Hölle, Täter:innen). Bemerkenswert war: Mit jedem zusätzlichen moralisch-emotional aufgeladenen Wort, das Kongressabgeordnete in ihren Postings benutzten, stieg die Anzahl der Shares um zwölf Prozentpunkte. Es schien sich also zu rentieren, viele aufgeladene Begriffe einzustreuen.

Der Effekt war bei republikanischen Abgeordneten stärker messbar, was die Forscher auf eine stärker patriotische und religiöse Sprache in dieser Partei zurückführen. Aber sie bemerkten sowohl bei der Republikanischen als auch der

Mehr Reichweite mit aufgeladenen Worten

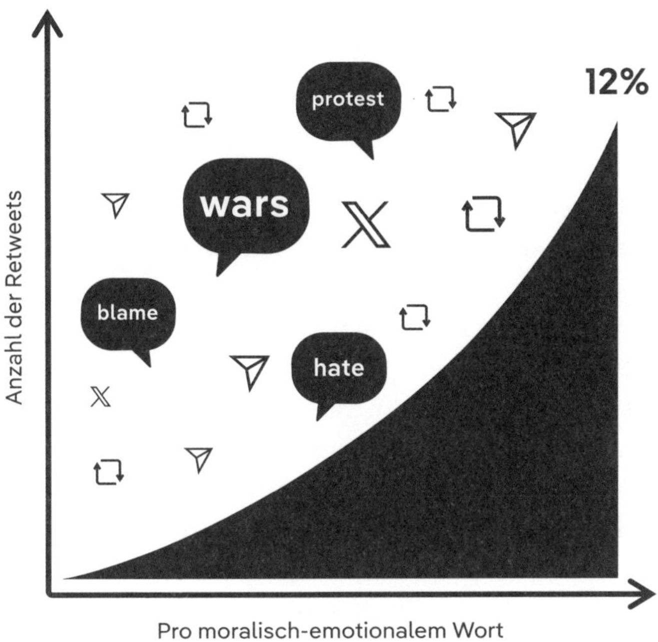

Demokratischen Partei: „Ausdrucksformen von moralischer Wut und (zu einem geringeren Grad) Ekel waren mit einer Zunahme von Retweets sowohl bei Konservativen als auch Liberalen verbunden (…).“[6] Im Englischen wird im Rahmen solcher Studien von „Moral Outrage“ gesprochen – also moralischer Entrüstung, bei der Emotionen wie Wut und Ekel zutage treten.

Wohlgemerkt: Emotionalität oder moralische Entrüstung stellen an sich nicht automatisch ein Problem dar. Wut beispielsweise ist eine wichtige Emotion, auch um demokratische Veränderungen zu erzielen. Wären nicht viele Frauen darüber entrüstet gewesen, dass ihnen das Wahlrecht verweigert wurde, dann hätten wir Frauen bis heute kein Wahlrecht. Und eine Politik, die niemanden aufregt, ist vielleicht auch eine Politik, die viele wichtigen Fragen einfach nicht anspricht. Insofern befinden wir uns als Gesellschaft permanent in einem Prozess des Ausverhandelns, wo Entrüstung angemessen ist oder nicht. Auch sind wir Menschen generell Wesen mit moralischem Kompass: Wir echauffieren uns über vermeintliche Fehltritte und Fouls anderer und warnen damit unser Umfeld vor Widrigkeiten. Ein Team von Forschenden der Universitäten Yale und Harvard berichtete in der *New York Times*, dass es mehr als eine Erklärung gibt, warum wir Menschen zu moralischer Empörung neigen: „Wir verurteilen Übeltäter:innen, weil wir Fairness und Gerechtigkeit schätzen und weil wir wollen, dass die Welt ein besserer Ort wird. Unsere Entrüstung erscheint in ihrem Wesen selbstlos zu sein." Hinzu komme aber noch eine weitere Komponente: Das eigene Entrüsten über die moralischen Verfehlungen anderer kann vorteilhaft sein, weil es den Ruf in der eigenen Community steigert, wenn man Grenzüberschreitungen abmahnt.[7]

Entrüstung kann also auch Selbstdarstellung oder ein Kalkül sein, um mehr Aufmerksamkeit zu erreichen. Wer sich – wie ich selbst – häufig auf digitalen Plattformen bewegt, hat vielleicht schon bei sich selbst beobachtet: Die Logik sozialer Medien macht es verlockend, schnell mal Moral Outrage, also moralische Entrüstung, über die andere Seite zu zeigen, das fühlt sich gut an und wird von Gleichdenkenden mit Beifall bedacht. Das Spiel mit der Empörung ist potenziell sogar lukrativ: Moral Outrage kann Klicks und damit Werbeeinnahmen bringen, dementsprechend passt das Auslösen moralischer Entrüstung auch zu manch einem Geschäftsmodell. Leider ist es so, dass heutige Medien unter enormem finanziellen Druck stellen, und es kann ganz einfach kostengünstiger sein, aufwühlende Geschichten, die wenig Recherche erfordern, zu publizieren. Auf politischer Ebene wiederum ist der Nutzen von Moral Outrage vielseitig: Man kommt gar nicht erst in die Verlegenheit, eigene inhaltliche Lösungsvorschläge vorzulegen, wie wir am Beispiel von Söders Reaktion auf den DGE-Artikel der *Bild* gesehen haben. Zweitens wird durch das Appellieren an moralische Entrüstung das Thema weg von der spröderen Sachebene hin auf die Ebene von Überzeugungsfragen gehoben – es geht dann plötzlich auch darum, moralische Werte oder gar die eigene Identität zu verteidigen. Und somit begünstigt, drittens, dieses Ausweichen auf die moralische Ebene eine Lagerbildung. Die Autoren des vielbeachteten Buchs *Triggerpunkte,* das sich unter anderem mit gesellschaftlichen Reizthemen beschäftigt, verwenden ein treffendes Wort: Sie sprechen von politischen „Polarisierungsunternehmern", die Themen überhöhen und damit eine Positionierung veranlassen.[8]

Das führt zu einer wichtigen Dynamik, die Moral Outrage oft vorantreibt. Nehmen wir an, jemand hat das Interesse, bei einem bestimmten Thema konsensorientierte Debatten zu erschweren, um so die Bevölkerung zu spalten. Dann empfiehlt sich das Mittel der „Wir gegen die"-Logik. Deutlich fällt der Einsatz der „Wir gegen die"-Rhetorik bei rechtspopulistischen bis rechtsextremen Parteien auf. Zum Beispiel hielt AfD-Chefin Alice Weidel am 31. Januar 2024 im Deutschen Bundestag eine vielbeachtete Rede. Zu Beginn des Monats hatte hat das Online-Medium Correctiv.org einen Bericht vorgelegt, der zeigte, dass AfD-Mitglieder an einem Geheimtreffen unter anderem mit Rechtsextremen teilnahmen. Dort seien weitreichende Ideen formuliert worden – darunter, dass man nicht nur Ausländerinnen und Ausländer abschieben sollte, sondern sogar Möglichkeiten suchen könne, deutsche Staatsbürger:innen mit Migrationshintergrund aus dem Land zu verdrängen. Es wurde in diesem Zusammenhang von „Remigration", ein wichtiger Begriff in der rechtsextremen Szene, gesprochen.[9] Die Correctiv-Recherche löste eine bemerkenswerte gesellschaftliche Reaktion aus: Vielerorts fanden nach Bekanntwerden des Treffens in ganz Deutschland und in mehreren österreichischen Städten Massenproteste gegen Rechtsextremismus statt.

Vor diesem Hintergrund beginnt Alice Weidel ihre Bundestagsrede, ihre Partei ist eigentlich gerade in der Defensive, aber sie geht prompt in die Offensive. Sie startet mit der Behauptung: „Es brennt in Deutschland." Und sie meint, die Regierung „ist der Brandstifter". Sie nimmt dabei Bezug auf die im gleichen Zeitraum stattfindenden Proteste von Bäurinnen und Bauern und anderer Berufsgruppen und sagt: „Die geschundenen Leistungsträger dieses Landes gehen auf die Straße." Diesen Protest stellt Weidel also sehr positiv dar, als legitime Wahrnehmung des Demonstrationsrechts. Doch Weidel kommt auch auf die Proteste gegen Rechtsextremismus zu sprechen. Hier fällt ihr Urteil ganz anders aus: Weidel suggeriert, diese würden das Demonstrationsrecht

„pervertieren", die Regierung würde „gegen die Opposition" demonstrieren. Die großen Demonstrationen gegen Rechtsextremismus, an denen zum Teil sogar hunderttausende Menschen teilnahmen, wären nach dieser Logik lediglich ein Spielball der Regierung gewesen. Dann spannt Weidel den Bogen von der Kritik an ihrer Partei zu den Protesten von Bäurinnen und Bauern und Co.: „Wird der Bürger unangenehm, bezeichne ihn als rechtsextrem."[10] Auf X (früher: Twitter) postet Weidels offizieller Kanal dazu passend: „„Wird der Bürger unangenehm, bezeichne ihn als rechtsextrem: Die Ampel führt eine beispiellose Verleumdungskampagne nicht nur gegen die einzige echte Opposition im #Bundestag, sondern auch gegen die bundesweiten Mittelstands-Proteste."[11] Bleiben wir kurz bei dieser Wortmeldung: Hier werden viele steile Thesen aufgestellt, etwa, dass die AfD die „einzige echte Opposition" wäre – was ausblendet, dass sehr wohl andere, demokratisch gewählte und regierungskritische Parteien im Bundestag in der Opposition sitzen. Zweitens wird einiges vermengt: Genau genommen sind die Proteste von Mittelstandsgruppen wie Bäurinnen und Bauern und die Enthüllungen des Mediums Correctiv zwei sehr unterschiedliche Themengebiete. Aber indem Weidel diese beiden Themen gemeinsam nennt, deutet sie die Kritik an der AfD kurzerhand zu einem angeblich größeren Angriff auf Opposition und Bürgerinnen und Bürger um. Populistische Rhetorik kann sogar so weit gehen, dass sie suggeriert, Kritik an der Partei oder ihrem Spitzenpersonal wäre ein Ausdruck dessen, dass „das Volk" kleingehalten wird. So hat der Rechtspopulist Jörg Haider schon in den 1990er-Jahren plakatiert: „Sie sind gegen IHN. Weil ER für EUCH ist."[12]

DIE GEFAHR DES GRUPPENDENKENS

Inhaltlich fundierte Kritik an einem selbst kann abgeschmettert werden, indem man sie als angeblich unfairen Angriff auf eine größere Gruppe umdeutet – und damit eine „Wir gegen die"-Abwehrhaltung befördert. Einige Leserinnen und Leser dieses Buchs wird es nicht überraschen, dass „Wir gegen die"-Gefühle gerade in der verhärteten Rhetorik von Rechtsaußen eine große Rolle spielen. Aber nicht nur dort. Wenn wir für eine sachlichere Diskussionskultur eintreten wollen, dann lohnt es sich generell, die Macht von Gruppengefühlen genauer zu betrachten, ob sie nun der gesellschaftlichen Spaltung dienen oder für mehr Zusammenhalt eingesetzt werden.

Ich habe bisher einige ernste Beispiele gebracht, nun möchte ich eine witzige Anekdote zitieren, die zeigt, wie sehr wir Menschen Gruppentiere sind. Das heißt, es fällt uns sehr leicht, uns (auch unbewusst) bestimmten Gruppen zuzuordnen und mit anderen Gruppenmitgliedern verbunden zu fühlen.

In dem berühmten Science-Fiction-Film *Planet der Affen* kommt es zur Begegnung eines Astronauten, gespielt von Charlton Heston, mit hochintelligenten Menschenaffen, beispielsweise Orang-Utans, Gorillas und so weiter. Heston berichtete mehrere Male, dass sich bei den Dreharbeiten ein kurioses Phänomen zeigte: In der Mittagspause setzten sich Schauspielerinnen und Schauspieler, die Gorillas darstellten, zu anderen, die ebenfalls ein Gorilla-Kostüm trugen. „Orang-Utans" hingegen aßen neben den anderen „Orang-Utans" und so weiter. „Es gab eine Art Selbst-Aufteilung", erzählte Heston.[13] Dabei war es ja eigentlich eher Zufall, wer als Gorilla und wer als Orang-Utan besetzt worden war, auch hatte niemand der Crew angeordnet, sich so in Grüppchen zu teilen. Dieser Vorgang wurde auch bei den Nachfolgefilmen der *Planet der Affen*-Reihe beobachtet.[14]

Für die Erklärung solcher Phänomene zieht die Psychologie die Begriffe „In-Group“ (Eigengruppe) und „Out-Group“ (die anderen, die Fremdgruppe) heran. Wir Menschen ordnen uns schnell Eigengruppen zu – wenn ich zum Beispiel im Zug sitze und durch Zufall bemerke, dass die Frau neben mir ebenfalls Journalistin ist, dann sind wir gefühlt die Eigengruppe der Journalistinnen und die anderen sind die Fremdgruppe. Ich selbst sehe mich, je nach Kontext, mal als Journalistin, mal als Mutter, mal als Science-Fiction-Fan, mal als Fleischesserin. Wir Menschen können mühelos Teil unterschiedlicher Eigengruppen sein und auch mühelos hin- und herwechseln, welcher Eigengruppe wir uns gerade zugehörig fühlen.[15] Die Frage ist, ab wann der Appell an Gruppengefühle gefährlich wird – ab wann er Spaltung und Zwietracht begünstigt.

Bahnbrechend für diesen Forschungszweig waren die Experimente des Psychologen Henri Tajfel aus den 1970er-Jahren. In einer berühmt gewordenen Untersuchung sollten sich Buben im Alter von 14 und 15 abstrakte Bilder von den Malern Paul Klee und Wassily Kandinsky ansehen und sagen, welche Werke ihnen besser gefielen. Die Buben wurden dann in zwei Gruppen zugeordnet, angeblich die Kandinsky- oder die Klee-Fans. In Wirklichkeit wussten die Buben nicht, welches Bild von Klee und welches von Kandinsky stammte, und sie wurden nach dem Zufallsprinzip eingeteilt. Aber sie sollten davon ausgehen, dass sie sich unter ihresgleichen befanden. Die Jungen bekamen einzeln eine Aufgabe gestellt: Sie mussten Punkte vergeben und konnten damit anderen kleine Geldbeträge zuteilen (zehn Punkte ergaben einen Penny, die Studie fand in Großbritannien statt). Sie gaben im Schnitt Mitgliedern der Eigengruppe mehr Punkte, bevorzugten diese also.[16] Selbst bei solchen willkürlich zusammengesetzten Gruppen lässt sich also eine sogenannte „Eigengruppen-Bevorzugung" beobachten.

„Wir bekommen ein positives Gefühl dessen, wer wir sind, indem wir unsere Gruppe positiv sehen", meint der Psychologe Mark Levine, mit dem ich über das Thema sprach. Der derzeitige Forschungsstand deutet eher darauf hin, dass wir Menschen vorrangig von einer „In-Group Love" angetrieben werden – wie man dann über Fremdgruppen denkt, ist nachgelagert. Man kann die anderen positiv sehen, aber sie auch verachten oder hassen.[17]

Die Feindseligkeit gegenüber Fremdgruppen kann jedoch gezielt genährt werden, zum Beispiel, indem man den Eindruck weckt, die In-Group würde mit der Out-Group um begrenzte Ressourcen konkurrieren müssen. Auch mittels Falschmeldungen, die oft online kursieren, werden solche Eindrücke vermittelt. Nur ein Beispiel aus der deutschen Asyldebatte: Seit Jahren kursiert eine Falschmeldung, die behauptet, die frühere Landwirtschaftsministerin Julia Klöckner (CDU) hätte in einer Fernsehsendung zugegeben, dass Geflüchtete mehr als 1100 Euro im Monat zur Verfügung hätten, die deutschen Rentnerinnen und Rentner dagegen nur etwa 600 Euro. Diese Zahlen sind falsch, im Jahr 2020 bekamen Menschen im Ruhestand in Deutschland im Schnitt 989

Euro monatlich vor Abzug der Steuern. Alleinstehende Asylsuchende in einer Wohnung erhielten damals 344 Euro, das zeigt ein Faktencheck der Plattform Correctiv.org. Worum es Klöckner übrigens tatsächlich ging, waren die äußerst niedrigen Zuverdienstgrenzen für Asylbewerber:innen, die beispielsweise einem Einsatz in der Erntehilfe im Weg stünden.[18]

Die Falschmeldung entspricht einem wiederkehrenden Typ Desinformation, der suggeriert: Geflüchtete würden mehr bekommen als „wir“, also die nicht-eingewanderte Bevölkerung. Hier wird – in dem Fall mittels falscher Zahlen – das Gefühl genährt, es gäbe eine knappe Ressource (staatliche Leistungen), von der die Fremdgruppe zu viel beanspruchte. Solche Erzählungen spielen außerdem gesellschaftlich schlechtergestellte Gruppen gegeneinander aus. Meines Erachtens sollte man durchaus darüber diskutieren, ob einige Menschen im Ruhestand zu wenig bekommen – darunter beispielsweise Frauen, die viele Jahre nicht in einem Beruf gearbeitet haben, sondern die zu Hause Sorgearbeit leisteten. Jedoch führen solche Falschmeldungen in der Regel nicht dazu, eine differenzierte Debatte über die Gerechtigkeit des Sozial- und Rentensystems anzustoßen, sondern sie befördern pauschale Urteile, etablieren Sündenböcke und ein „Wir gegen die“-Denken. Falschmeldungen sind auch deshalb gefährlich, weil sie bestehende Gräben in unserer Gesellschaft noch vergrößern und regelrecht Feindseligkeit fördern. Unter Falschmeldungen wie der gerade genannten werden als Kommentare oft Gewaltfantasien gegen geflüchtete Menschen und glatte Hetze gepostet. Eine solche Dynamik lässt sich auch bei anderen Themen beobachten. Zur In-Group-Love kann ein Out-Group-Hate hinzukommen.

„Wenn sich die Beziehungen zwischen Gruppen verhärten und wir beginnen, ‚unsere' Interessen als fundamental entgegengesetzt zu ‚ihren' Interessen zu betrachten, dann können sich die natürlichen positiven Emotionen und die Empathie, die wir gegenüber unseren eigenen Gruppen empfinden, in eine gefährliche Richtung verschieben. Wir beginnen zu denken, dass wir nicht nur gut sind, sondern dass wir *von Grund auf* gut sind. Und wenn das wahr ist, dann müssen *sie* von Grund auf schlecht sein und sollten um jeden Preis Widerstand erfahren", schreiben die Psychologen Jay Van Bavel und Dominic Packer in ihrem Buch *The Power of Us*. Packer habe ich für dieses Buch interviewt; er wird uns in Kapitel 5 noch ausführlicher begegnen.[19] Ein starkes „Wir gegen die"-Gefühl kann außerdem internen Widerspruch, also Selbstkritik aus den eigenen Reihen, erschweren. Ein gefühlt starker Außenfeind erleichtert es, interne Debatten gar nicht führen zu müssen.

Seitdem ich diese Beobachtungen aus der Psychologie kenne, bin ich umso skeptischer geworden, wenn Menschen den Anspruch haben, ihre Gruppe läge immer richtig. Jede und jeder, auch ich, neigt manchmal zur Selbstüberschätzung: Aber es gibt extremistische Rhetorik, die undifferenzierte Gruppengefühle begünstigt. Dazu ein Beispiel aus Österreich.

Anfang 2024 hält der rechtspopulistische Politiker Herbert Kickl (FPÖ) eine Rede. Er spricht darin von der „Mission Volkskanzler", er will also österreichischer Bundeskanzler werden, und sagt: „Und wenn wir das angehen, dann können wir voll Zuversicht in dieses Jahr hineinstarten. Weil, wir haben nämlich eine Gewissheit und die Wähler haben eine

Gewissheit. Wir wissen und die Wähler wissen, dass die Freiheitliche Partei in allen entscheidenden politischen Fragen recht hat und die anderen unrecht. So einfach ist das und so wahr ist das." Und als ersten Punkt geht Herbert Kickl auf die Coronazeit ein und die damaligen Maßnahmen zur Eindämmung des Coronavirus. Er nennt das einen „Terror gegen die eigene Bevölkerung" und erklärt: „Wir werden diese Verantwortungsflüchtlinge stellig machen. Ich habe schon so eine lange Fahndungsliste: Nehammer, Edtstadler, Schallenberg, Kogler, Rauch (Anm.: allesamt Mitglieder der ÖVP und der Grünen und Teil der Bundesregierung). Wanted. Wanted."[20]

Dieses Buch heißt *Wider die Verrohung* und ich sage es ganz offen: Das ist für mich Verrohung – diese eskalierende Sprache, wonach man etwa Mitglieder anderer Parteien „stellig machen" (also festnehmen) will und dem eigenen Milieu das Gefühl gibt, es wäre regelrecht ein Opfer dieser anderen Parteien („Terror gegen die eigene Bevölkerung"). Verbunden mit der „Opfer-Erzählung" ist der Anspruch, alleinig für die Interessen des Volkes einzutreten, alleinig die richtige Sichtweise zu vertreten. Diese Passage verdeutlicht: Kickl beansprucht für seine Partei, „in allen entscheidenden politischen Fragen", im Grunde also überall, recht zu haben, und dementsprechend müssen die anderen im Unrecht sein. Wohlgemerkt, jede Partei erklärt ihrem Publikum, dass sie die beste ist, aber mir läuft es kalt den Rücken hinunter, wenn jemand für die eigene Partei als Alleinstellungsmerkmal beansprucht, stets richtigzuliegen. Die Denkweise „Wir sind von Grund auf gut", die anderen „von Grund auf schlecht" erscheint mir, egal, wo sie auftaucht, generell riskant.

EINE ANTWORT AUF SCHWARZ-WEISS-DENKEN

Gruppengefühle sind mächtig, sie können zur Spaltung genutzt werden – sie stellen aber ebenfalls eine Chance dar. Denn man kann auch jene Gruppengefühle stärken, die Menschen motivieren, anderen zu helfen. Im Englischen gibt es den schönen Satz: We all contain multitudes, wir alle sind vielschichtig, und so findet man in der Fachliteratur Experimente, bei denen an unterschiedliche Gruppengefühle appelliert wurde, worauf (Achtung, Spoiler!) unterschiedliche Reaktionen folgten.

Der Psychologe Mark Levine von der Universität Lancaster hat mit Kolleg:innen eine interessante Untersuchung zu einem hochemotionalen Thema durchgeführt: englische Fußballklubs. In einem ersten Experiment mussten Fans von Manchester United einen Fragebogen ausfüllen und zum Beispiel angeben, warum sie das Team mögen. Das Ziel war, dass die eigene Identität als Manchester-Fan bei den Männern geistig präsent sein sollte. Den Fans wurde gesagt, sie müssten für den zweiten Teil der Studie zu einem anderen Gebäude gehen, wo ihnen ein Film gezeigt wird. „Das war eine Finte“, erzählte mir Levine. In Wirklichkeit beobachteten er und sein Team, wie hilfsbereit die Fans waren. Denn auf dem Weg zum anderen Gebäude wurde ein Unfall vorgetäuscht: Ein Jogger lief an den Männern vorbei und tat so, als fiele er hin und verletze sich den Knöchel. Hier wurden drei verschiedene Szenarien getestet: Bei einem Teil der Studienteilnehmer trug der Jogger ein Manchester-United-Trikot, bei anderen trug er ein Trikot des FC Liverpool (der Rivale von

Manchester United) und in manchen Fällen trug der Jogger nur ein normales Shirt ohne Botschaft. Es zeigte sich: Wenn der Jogger ein Trikot von Manchester United trug, dann halfen die Fans in den meisten Fällen. Trug der Jogger nur irgendein Shirt oder ein Liverpool-Trikot, halfen sie viel seltener.

Das war aber noch nicht das Ende der Studie. Ein zweites Experiment fand in nahezu gleicher Form statt. Nur sollten die Manchester-Fans diesmal einen Fragebogen beantworten, warum sie generell Fußballfan sind – es wurde also die übergeordnete Gruppenzugehörigkeit aktiviert, nicht die Begeisterung für einen spezifischen Klub. Die Ergebnisse unterschieden sich nun deutlich: Die Manchester-Fans halfen in der Mehrzahl der Fälle auch jenem Jogger, der ein Liverpool-Trikot trug. „In diesem Fall ist die Chance gleich hoch, dass sie dem Träger des Liverpool-Shirts helfen wie dem Träger eines Manchester-United-Shirts", erzählte mir Levine. Übrigens: Der Jogger, der bloß ein normales Shirt trug, bekam weiterhin weniger Hilfe. Dieses Experiment legt nahe: Wenn man Zugehörigkeitsgefühle zu einer größeren oder anderen Gruppe aktiviert, ist es möglich, dass die Hilfsbereitschaft für Personen, die dieser Gruppe angehören, steigt, weil zuvor eine Gemeinsamkeit betont wurde.

Ein positiver Ansatzpunkt kann also sein, in unserer Gesellschaft nicht ständig das Trennende zu betonen, sondern jene Aspekte unserer Identitäten in den Vordergrund zu stellen, bei denen wir eine Überlappung haben. Die gute Nachricht ist: Die Menschen in Ländern wie Österreich oder Deutschland haben in vielen Punkten Gemeinsamkeiten.

Nehmen wir die Klimadebatte, die uns im Laufe dieses Buchs noch öfters begegnen wird. Es passiert sehr schnell, dass man bei diesem Thema in polarisiert geführten Diskussionen landet. Zum Beispiel lösen Demonstrationen, bei denen sich Aktivistinnen und Aktivisten auf der Straße festkleben und den Verkehr blockieren, vielfach Wut aus. Andere wiederum regen sich dann über die Aggression auf, die diesen Demonstrierenden entgegenschlägt. Es kommt hier also häufig zu enormer Aufregung. Aber treten wir kurz einen Schritt zurück und schauen uns Umfragedaten an. Sechs von zehn Befragten in Österreich stimmen tendenziell der Aussage zu: „Der Klimawandel macht mir Sorgen." Seit 2016 gab es hier sogar eine Verdopplung, zeigt die Befragungsreihe „Österreichischer Demokratie Monitor"[21]. In Deutschland geben sogar 75 Prozent der Befragten tendenziell an: „Ich bin sehr besorgt über den Klimawandel."[22] Es gibt in dieser Frage also viel Zustimmung – und somit Gemeinsamkeiten, auf die man im Gespräch bauen kann. An späterer Stelle werde ich es noch genauer beschreiben. Aber wichtig ist, damit das Betonen von Gemeinsamkeiten und das Vermeiden von Polarisierung funktioniert, auch ein Mindestmaß an Respekt in der Debatte, dazu zählt das Vermeiden von Beleidigungen und Herabwürdigungen. Gerade wenn ein Thema bereits ein Potenzial zur Spaltung aufweist, ist von größter Bedeutung, auf das Einhalten von Diskussionsregeln zu achten.

Solche Zahlen verdeutlichen, eine Mehrheit nimmt die Klimakrise ernst, aber gleichzeitig treten bei diesem Thema bereits gesellschaftliche Bruchlinien zutage: So sagen zwar durchschnittlich sechs von zehn Befragte in Österreich tendenziell, „der Klimawandel macht mir Sorgen". Aber nur 29 Prozent der Personen mit FPÖ-Präferenz sehen das auch so.[23] In Deutschland wiederum geben vor allem Anhänger:in-

Der Klimawandel macht mir Sorgen.

„Österreichischer Demokratie Monitor“,
Herbst 2023, durchgeführt von Foresight Institut

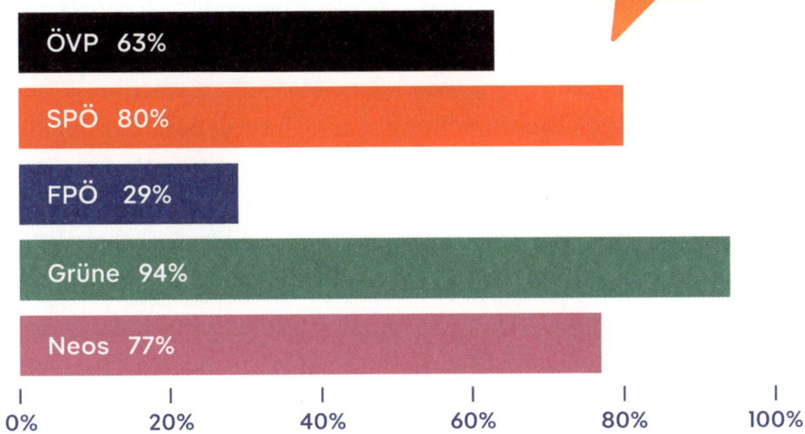

Befragung „ZDF-Politbarometer“,
April 2023, durchgeführt von der Mannheimer Forschungsgruppe Wahlen

In Deutschland wird zu viel für den Klimaschutz getan.

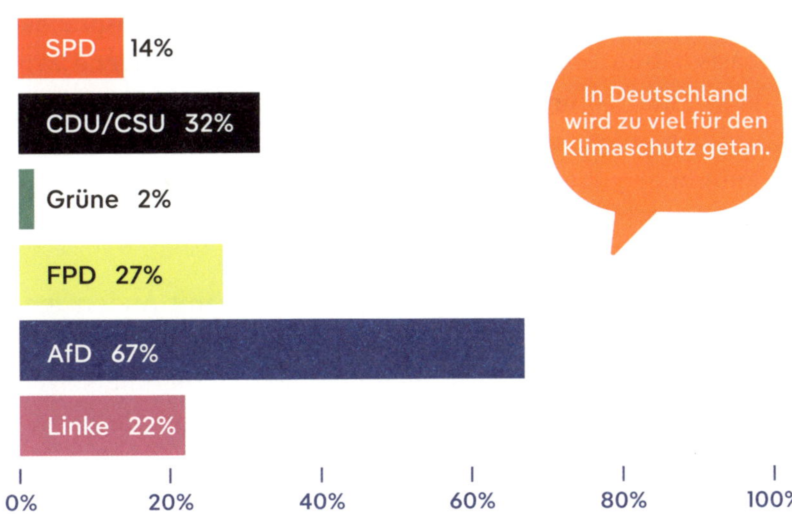

nen der AfD an, dass „zu viel" für den Klimaschutz getan würde. Dies zeigte das ZDF-Politbarometer im Frühjahr 2023.[24]

Mein Eindruck ist, dass die relativierende Rhetorik im rechtspopulistischen Lager rund um die Klimakrise eine Auswirkung hat – etwa, wie leicht Menschen warnende Befunde aus der Klimaforschung von sich schieben. Lassen Sie mich trotzdem etwas Positives anmerken: Man überschätzt schnell die Homogenität der Fremdgruppe, als wären deren Mitglieder alle gleich. Denn auch unter den FPÖ-Fans, die im Durchschnitt die Klimakrise deutlich weniger ernst nehmen, gibt es jene, die sich Sorgen machen. Oder im Publikum der AfD finden sich jene, die nicht angeben, es werde „zu viel" zum Schutz des Klimas getan. Das deutet in meinen Augen darauf hin: Hier sind manche vielleicht inhaltlich erreichbar. Doch die Gefahr besteht, wenn wir „die anderen" als homogen wahrnehmen, dass wir sogar unterschätzen, wie viele von ihnen womöglich für die eigenen Argumente zugänglich sind oder zumindest eine gemeinsame Gesprächsbasis hätten. Meines Erachtens lohnt es sich, auf eigene „Wir gegen die"-Gefühle zu achten, diese kritisch zu inspizieren, um sich selbst nicht Chancen zu verbauen, mancherorts Anknüpfungspunkte zu „den anderen" zu finden.

Tipp

Dazu ein Ansatz fürs Diskutieren, speziell mit Andersdenkenden: Es gibt den Zugang der „Cross-partisan empathy", was man als lagerübergreifenden Empathie übersetzen könnte. Die Idee dabei ist: Auf die Perspektive anderer, mit denen man diskutiert, auch wirklich einzugehen, kann die eigenen Argumente tendenziell überzeugender machen. Ein

Team der Universität Stanford hat in einer Untersuchung dazu gute Erfahrungen gemacht: Zuerst wurde den Teilnehmerinnen und Teilnehmern erklärt, dass Empathie gegenüber Andersdenkenden die eigene Überzeugungskraft verbessere. Dann sollten diese Personen rund um ein in den USA umstrittenes Thema (das Waffenrecht) eine schriftliche Botschaft formulieren, mit der Absicht andere zu überzeugen. In einem zweiten Schritt wurden die Botschaften ausgewertet und es zeigte sich: Die Botschaften dieser Gruppe waren tatsächlich überzeugender für Andersdenkende. Verglichen wurden ihre Botschaften mit den Texten von Testpersonen, denen gesagt worden war, dass Empathie von Nachteil für die eigene Position sei. Die Botschaften derjenigen, die vom Nutzen von Empathie gegenüber Andersdenkenden erfahren hatten, „wurden zu 98 Prozent eher als empathisch angesehen und zu 64 Prozent eher überzeugend". Denn in einem nächsten Schritt mussten Personen mit anderer Sichtweise diese Botschaften lesen und bewerten. Dabei ergab eine inhaltliche Analyse, dass die empathischen Botschaften keineswegs weniger politisch in ihrer Überzeugung formuliert wurden, aber sie waren in ihrem Tonfall versöhnlicher. Es kam häufiger zu einer Perspektivenübernahme, die Versuchspersonen sind mehr auf ihr Gegenüber eingegangen, sagten etwas wie: „Ich verstehe, dass …" Und sie stellten stärker das Verbindende in den Raum, betonten beispielsweise gemeinsame Ziele.[25] Es mag lapidar klingen, ist es aber nicht: Der Ton macht die Musik. Geleitet hat diese Untersuchung die Psychologin Luiza Santos und sie erzählte mir: „Was man lernen kann, ist, diese zusätzliche Mühe auf sich zu nehmen, darüber nachzudenken, woher jemand kommt. Und die Personen nicht als voreingenommen oder unmoralisch zu sehen, sondern zu überlegen, was kann sie dazu bringen, gewisse Dinge zu glauben. Und selbst wenn man Leute nicht unmittelbar vor sich sitzen hat, kann man darüber nachdenken und dann die eigene Botschaft danach ausrichten, zum Beispiel nach den Gemeinsamkeiten suchen. Und das stellte sich in diesem Austausch als effektiv heraus."

Was mir persönlich gut an diesem Forschungsansatz gefällt: Im Rahmen dieser Untersuchungen hat Luiza Santos beobachtet, dass Menschen, die Empathie gegenüber Andersdenkenden zeigen, nicht ihre eigenen Positionen aufgeben oder aufhören, sie zu vertreten. Es geht also nicht darum, dass man sich einer anderen Sichtweise unterwerfen sollte, sondern eher darum, dass man die andere Person als Mensch mit berechtigten Interessen adressiert, auch wenn man inhaltlich andere Argumente einbringt. Ich selbst beschäftige mich immer wieder mit solchen Studien zum Thema effizientes Diskutieren und weiß, dass es nicht den einen magischen Kniff gibt, mit dem man jedes Mal gekonnt auf spaltende Rhetorik oder moralisch-emotionale Zuspitzung reagieren und sie für alle verständlich einordnen kann. Aber wenn man einen genaueren Begriff davon hat, in welchen Momenten Debatten zur Eskalation getrieben werden, kann man beispielsweise daran arbeiten, solche Situationen öfters zu vermeiden – auch mittels Empathie. Denn Empathie ist ja etwas, das im direkten Widerspruch zum Überbetonen einer „Wir gegen die"-Rhetorik steht. Wer Empathie zeigt, muss nicht anbiedernd sein oder die eigenen Werte über Bord werfen, kann aber die Schwarz-Weiß-Rhetorik durchaus ein Stück weit herausfordern.

Untersuchung zu „Cross-partisan empathy“

KAPITEL 2

Kalkulierte Wut und emotionale Achtsamkeit

Sein Gesichtsausdruck ist amüsiert, vielleicht etwas spöttisch. Der AfD-Politiker Ulrich Siegmund, Anfang 30, moderner Kurzhaarschnitt, blickt in die Kamera und beginnt zu schimpfen: „Stellt euch mal vor, wir müssten dafür arbeiten gehen, dass in Afrika dicke Luxus-SUVs für Parlamentarier finanziert werden können. Das würde einen wahrscheinlich fassungslos machen. Und fassungslos macht es mich, dass über das, was ich euch jetzt berichte, auch nach zwei, drei Monaten offenbar noch keiner in diesem Land so richtig spricht. Und deshalb dieses Video, ich persönlich kann es bis heute noch nicht glauben (...)."

Siegmund kritisiert in seinem Video etwas, über das etablierte Medien schon Monate zuvor berichtet haben: Der nigerianische Präsident Bola Tinubu erntet Kritik wegen seiner enormen Ausgaben. Er hat zum Beispiel jedem und jeder der 460 nigerianischen Abgeordneten einen eigenen SUV-Geländewagen geschenkt. Auf Staatskosten.[26] Aber der AfD-Politiker verknüpft diesen Vorfall mit der deutschen Entwicklungshilfe. Er hat anscheinend online gelesen, dass Deutschland 640 Millionen Euro für die Entwicklungszusammenarbeit mit Nigeria ausgibt. Und er behauptet, dass Deutsche mit ihrem Steuergeld die Anschaffung von SUVs für afrikanische Abgeordnete finanzieren würden – was falsch ist.[27]

In seinem Video lässt Siegmund einige relevante Informationen unerwähnt. Ja, Deutschland gibt Geld für Entwicklungshilfe in Nigeria aus. Im Jahr 2022 etwa wurden 67,5 Millionen Euro für die kommenden Jahren zugesagt. Die 640 Millionen Euro, über die Siegmund spricht, sind kein jährlicher Betrag – auch wenn sein Video diesen Eindruck erwecken könnte. Diese Summe ergibt sich, indem man alle schon länger laufenden Projekte zusammenrechnet, auch jene, die vor knapp zehn Jahren gestartet wurden (Stand 2023).[28] Auch geht der AfDler nicht darauf ein, dass der deutsche Staat gerade die Gelder für Entwicklungszusammenarbeit gekürzt hat. In einer Entgegnung schreibt das Entwicklungsministerium: „Nein", es finanziere keine SUVs für nigerianische Abgeordnete, denn das Ministerium „arbeitet mit Nigeria in ganz anderen Bereichen zusammen und gibt keine Mittel direkt in den nigerianischen Staatshaushalt." Auch wird betont, es „unterliegen alle Projekte strengen Kontrollmechanismen, um Korruption oder den Missbrauch von Fördermitteln zu verhindern."[29] Das Wut-Video des AfD-Politikers liefert also nur eine bruchstückhafte Darstellung eines komplexen Themas. Das Problem dabei ist: Viele Menschen werden nur Siegmunds Behauptungen mitbekommen haben, nicht aber weiterführende, einordnende Informationen.

Denn Siegmunds Video erzielte mehr als eine Million Aufrufe auf TikTok. Es ist der erfolgreichste Beitrag des AfD-Politikers im Februar 2024 und wurde mehr als 3000-mal kommentiert, zum Beispiel: „WIR MÜSSEN LANGSAM WACH WERDEN UND AUFSTEHEN, SOLANGE WIR DAS NICHT TUN, SOLANGE WIRD ES SO WEITER GEHN!!"

In seinen Videos wendet der AfD-Politiker häufiger diese Methode der „Kritik" an: Er spricht über eine Ausgabe des deutschen Staates und prangert diese an, will das Geld anderswo ausgeben – häufig bringt er dabei deutsche Kinder mit in die Rechnung ein. Er kritisiert nicht nur die Entwicklungshilfe, sondern gerne auch Integrationsprojekte, zum Beispiel eine Förderung des Landes Sachsen-Anhalt, bei denen Sprachmittler:innen Menschen mit Migrationshintergrund ins Krankenhaus oder bei anderen medizinischen Terminen begleiten und bei der sprachlichen Verständigung helfen.[30]

Tipp

Die Rhetorik in solchen Videos passt übrigens zum argumentativen Kniff der falschen Dichotomie: Dabei wird suggeriert, es gäbe in einer Sachfrage nur zwei mögliche Handlungsoptionen. Also, entweder der deutsche Staat finanziert Entwicklungshilfe für Nigeria oder der deutsche Staat finanziert im eigenen Land beispielsweise Krankenhäuser. Die Sache ist aber, dass die Realität oft komplex ist und es meist mehr als zwei Auswahlmöglichkeiten gibt. Ein großer Staat wie Deutschland muss natürlich mit dem Budget haushalten, kann aber sehr wohl viele unterschiedliche Ausgaben tätigen – das reicht von Integrationsprojekten über Entwicklungshilfe bis hin zu kommunaler Förderung.

Es lohnt sich, auf diesen sprachlichen Kniff der falschen Dichotomie zu achten, also mitzubedenken, ob bei einer Argumentation die Welt unnötig stark in einer Schwarz-Weiß-Optik dargestellt wird – und damit in manchen Fällen sogar „Wir gegen die"-Gefühle befördert werden.[31]

An dieser Stelle ist es wichtig, Siegmunds Relevanz und politische Ausrichtung einzuordnen. Die Wochenzeitung *Die Zeit* hat ihn einmal den „TikTok-Posterboy der AfD“ genannt, er hat auf der Plattform mehr als 400.000 Abonnent:innen und 5,3 Millionen Likes angehäuft. Schlagzeilen machte er auch, weil er einer jener AfD-Leute ist, die an dem Treffen mit Rechtsextremen teilnahmen, über das das Medium Correctiv berichtete (siehe Kapitel 1).[32] Die AfD Sachsen-Anhalt, dessen Landesvorstand er angehört, wird vom Verfassungsschutz mittlerweile als gesichert rechtsextremistisch eingestuft.[33]

Es kann aber passieren, dass Leute – oft ein junges Publikum – auf TikTok Videos von ihm eingeblendet bekommen, möglicherweise ohne gleich zu bemerken, dass hier ein AfD-Politiker spricht. Denn Siegmunds Username auf TikTok ist @mutzurwahrheit90. Er verwendet #AfD als einen der Hashtags zu seinen Videos, aber man muss dann schon direkt auf sein Profil klicken, um konkret von seiner Position in der AfD-Landtagsfraktion zu lesen. Siegmund beginnt seine Sätze häufig mit einer emotionalen Botschaft, die gerne eher allgemein gehalten ist und den Eindruck eines großen Missstands vermittelt. Zum Beispiel: „Dieses Land wird gerade in einem irren Tempo gegen die Wand gefahren (…)." In diesem Video kritisiert er, dass die AfD vom deutschen Verfassungsschutz beobachtet wird.[34] Oder: „Ich stelle mir ganz klar inzwischen die Frage, für wie bescheuert, und das muss ich ganz klar so sagen, für wie bescheuert man hier uns eigentlich in diesem Land noch hält (…)." Woraufhin er über die Sprengung der Nord-Stream-2-Pipeline spricht.[35]

Bemerkenswert finde ich, wie breit das Themenspektrum ist, zu dem der Abgeordnete aus Sachsen-Anhalt empörte Worte findet. Unter Influencern, also Personen, die über große Reichweite auf Social Media verfügen, gibt es den Begriff „Rage Bait". Das bedeutet, dass man gezielt wütendmachende Inhalte online verbreitet, um mehr Sichtbarkeit zu erlangen.[36] Und ich fürchte, dieses Problem des Rage Bait umfasst nicht nur TikTok und die digitale Kommunikation. In diesem Kapitel wird es um Wut als bewusst eingesetztes politisches Instrument gehen. Denn Wut ist meines Erachtens eine Emotion, die uns aktuell in vielen Debatten offline und online begegnet und die mit vielen Aufregerthemen bewusst ausgelöst wird.

Es ist wichtig zu verstehen, dass Wut zwei Seiten hat: Sie kann von gesellschaftlichem Nutzen sein, sie hat aber auch gefährliches Manipulationspotenzial. Es wäre falsch, diese Emotion grundsätzlich zu verteufeln, was auch für andere Emotionen gilt. Angst zum Beispiel kann Menschen vorsichtiger werden lassen, sie motivieren, Risiken zu vermeiden. Wut wiederum lässt uns tendenziell Risiken eingehen und die eigenen Chancen eher optimistischer einschätzen.[37] Wut ist eine aktivierende Emotion. Sie kann Menschen antreiben, für mehr Gleichberechtigung, bessere Bezahlung, Menschenrechte einzutreten. Es gibt noch einen zweiten Grund, weshalb ich Wut nicht schlechtreden will: Es kann auch ein Zeichen der eigenen Privilegien sein, wenn man selten wütend ist – weil man beispielsweise keiner Gruppe angehört, die oft Diskriminierung erlebt. Im Englischen bezeichnet man es als „Tone Policing“, also eine Art „Ton-Kontrolle“, wenn gesellschaftlich privilegiertere Personen Angehörige marginalisierter Gruppen darüber belehren, dass sie nicht so emotional sein sollen, und damit deren Empörung über Unrecht kleinreden oder gar delegitimieren.[38]

Aber Sie erahnen wahrscheinlich schon das Problem, nämlich dass Emotionen – auch Wut – oft sehr leicht auslösbar sind. Etwa indem man Menschen das Gefühl gibt, es geschähe ein Unrecht, selbst wenn die Faktenlage diese Behauptung nicht untermauert. Häufig führen politische Polemik oder glatte Falschmeldungen dazu, dass Menschen wütend werden. Das Auslösen von Wut kann auch ein Diskussionstrick sein, um die Gräben in einer Debatte zu vertiefen. Denn wer wütend ist, dessen oder deren Denken verengt sich tendenziell.

Die Psychologinnen Jennifer Lerner und Larissa Tiedens schrieben schon vor Jahren in einem interessanten Forschungsüberblick, dass „wütende Menschen sich in relativ automatische, oberflächliche und heuristische" Prozesse begeben – das heißt, dass bei ihnen oft ein wenig tiefgehendes, eher stereotypes Denken auffällt.[39] Deshalb eignet sich Wut gut zur Verbreitung von Falschmeldungen: Wer wütend ist, zieht sich eher auf bestehende Einstellungen und Vorurteile zurück, hinterfragt das eigene Denken dagegen eher weniger. Und viele Falschmeldungen sind genau so formuliert, dass sie bestehende Vorurteile bekräftigen.

Auch im politischen Tagesgeschäft, in der Art, wie Parteien miteinander und übereinander reden, kann Wut eine Taktik sein. In den USA lässt sich das deutlich beobachten. Der Politologe Steven W. Webster hat der Wut als zentralem Bestandteil US-amerikanischer Politik ein Buch gewidmet. In *American Rage* beschreibt Webster, dass Wut ein „doubling down" auslöst, also ein nochmaliges Verfestigen der eigenen Überzeugungen, Meinungen und des Wissens, das man bereits besitzt.[40] Wut hat aus Sicht von Parteien gleich mehrere Vorteile. Für politische Eliten kann es attraktiv sein, auf Wut zu setzen, weil die Emotion Leute aktiviert, zum Beispiel wählen zu gehen oder Geld zu spenden.[41] Außerdem fiel Webster in seiner Forschung etwas Faszinierendes auf: Ein wütender Wähler oder eine wütende Wählerin ist eher loyal gegenüber dem eigenen Lager, selbst wenn man den jeweiligen Spitzenkandidaten oder die Spitzenkandidatin im eigenen Lager nicht mag. Für die US-Wahl 2016 hat Webster berechnet: Je öfter Leute über die Gegenseite, also über den Spitzenkandidaten oder die Spitzenkandidatin der anderen Partei, Wut verspürten, desto höher war die Chance, dass sie am Wahltag für die eigene Partei stimmten, selbst wenn sie den Kandidaten oder die Kandidatin ihrer Partei nicht mochten. Wenn Leute angaben, „ab und zu" oder sogar „meistens" auf diese Weise wütend zu sein, stieg die Wahrscheinlichkeit deutlich, dass die Person wählen ging.[42] Gerade für schwache oder teilweise unbeliebte Kandidatinnen und Kandidaten kann das Provozieren von Wut also eine zielführende Strategie sein.

EINE POSITIVE GEGENERZÄHLUNG

Als Journalistin beschäftigt mich das Problem der kalkulierten Wut seit Jahren, weil mir irgendwann auffiel, dass viele der besonders reichweitenstarken Online-Postings von Politikerinnen und Politikern diese Emotion hervorrufen. Wer Wut sät, wird Aufmerksamkeit ernten. Aber sind wir dem ausgeliefert – oder lassen sich Gegenstrategien finden, um der Wut etwas entgegenzusetzen oder zumindest überlegter darauf zu reagieren? Ich möchte zwei Empfehlungen hervorheben, eine gesellschaftliche und eine individuelle.

Eine wichtige Beobachtung ist: Nicht nur Wut, sondern auch andere Emotionen berühren Menschen und können sie zum Handeln aktivieren. Das klingt im ersten Moment trivial, aber einige Forschungsarbeiten konzentrieren sich auf einzelne wenige Emotionen, etwa Wut oder Angst. Beispielsweise sieht man, dass Wut Menschen in manchen Kontexten aktiviert. Der Politologe Timothy Ryan von der University of North Carolina at Chapel Hill hat schon 2011 auf Facebook politische Werbung getestet. Er schaltete wütendmachende, besorgniserregende und neutral gehaltene Werbebeiträge. Wütend machende Inserate hatten mehr als doppelt so viele Zugriffe wie die neutrale Botschaft. Die besorgniserregenden Werbebeiträge lösten keinen dermaßen stark aktivierenden Effekt aus. Die Studie beobachtete: Wut mobilisiert Menschen.[43]

Wie wir also sehen, sind Emotionen wie Wut und Angst vielfach erforscht. Bei anderen ist das nicht so gründlich der Fall, hier werden derzeit relevante neue Forschungsdaten gesammelt und neue Untersuchungsansätze verfolgt. Vor Kurzem wurde eine sehr interessante, umfassende Studie veröffentlicht, die sich in einem Punkt hervorhob: Hier wurden nicht zwei, drei, vier Emotionen ausgewertet, sondern eine breite Palette von 20 Emotionen (das reicht von Wut über Neid bis hin zu Nostalgie und Stolz). Die Psychologin Susannah Paletz von der University of Maryland untersuchte mit Kolleg:innen hierfür Facebook-Beiträge aus Polen und Lettland. Sie analysierten, bei welchen Emotionen in Postings die Wahrscheinlichkeit für Shares stieg, also dass Menschen diese Beiträge weiterleiteten. Wut schien auch hier Menschen zum Teilen zu motivieren. Aber, so erzählte mir Paletz: „Die Emotionen, bei denen es zu einem verstärkten Teilen von Beiträgen kam, waren Wut, Verachtung, Kama Muta, Staunen, Stolz, Trauer, Angst und Belustigung.“[44]

Dieses Studienergebnis legt nahe, wie wichtig es wäre, dass auch künftige Untersuchungen eine breite Palette von Emotionen berücksichtigen – denn man kann die Wirkmacht anderer Emotionen nur dann verstehen, wenn man gezielt danach sucht. Für Susannah Paletz beinhaltet dieses Forschungsergebnis eine gute Nachricht: „Social Media muss nicht nur aus Wut und Verachtung bestehen. Was Menschen teilen, bezieht sich nicht rein auf negative Emotionen."

Welche Emotionen werden oft geteilt?

Es fiel gerade ein ungewöhnliches Wort: Kama Muta. In der Forschung wird darunter jene Emotionslage verstanden, bei der wir uns ergriffen fühlen, also gerührt oder berührt fühlen. Es ist leider gar nicht so leicht, dieses Wort aus der indischen Sprache Sanskrit ins Deutsche zu übersetzen. Besser lässt sich seine Bedeutung mit einem Beispiel zeigen: Ein populäres GIF, also eines dieser bewegten Bilder im Internet, zeigt ein Äffchen, das auf seinen rechten Arm deutet – prompt kommt ein zweites Äffchen hinzu und lässt sich von ihm umarmen.[45] Wenn ich diese Aufnahme sehe, bin ich immer sehr gerührt. Anzeichen für Kama Muta sind beispielsweise, wenn man sich sehr freut, etwas Berührendes gesehen zu haben, oder wenn man geradezu feuchte Augen oder einen Kloß im Hals vor Gerührtheit bekommt.[46]

Kama Muta ist eine positive Emotion. Könnte sie zum Beispiel bewusst als Kontrast zur Wut eingesetzt werden? Etwa eine Chance sein für positiver geführte Wahlkämpfe? Das wird tatsächlich erforscht.[47] „Wir fanden es interessant, diese beiden Emotionen zu vergleichen, weil sich politische Wettkämpfe mehr in die Richtung bewegen, dass Wut die Emotion ist, die man darin auslösen möchte. Und wir wollten wissen, ob auch eine Emotion wie Kama Muta die Menschen hier politisch aktivieren kann", sagt David Grüning, der an der Universität Heidelberg und am GESIS-Institut in Mannheim forscht. Gemeinsam mit seinem Kollegen Thomas Schubert führte er eine Untersuchung durch: US-amerikanische Wahlberechtigte sollten sich politische Werbespots ansehen – ein Teil der Videos löste Wut aus, ein Teil Kama Muta. Beide Emotionen konnten die Bereitschaft bei Testpersonen steigern, jemanden aus dem eigenen politischen

Lager zu unterstützen.[48] Grüning erzählte mir aber auch von einer interessanten Beobachtung: „Es gab eine Asymmetrie. Videos brauchten nur wenige Sekunden, um Wut auszulösen. Im Grunde wird in diesen Videos eine Anschuldigung erhoben, irgendjemand hat angeblich etwas Unfaires der Gesellschaft gegenüber und somit auch einem selbst gegenüber getan und zack, schon sagen Menschen: ‚Das hat mich wütend gemacht'. Das braucht teilweise nur 15 Sekunden. Im Vergleich dazu sind die Kama-Muta-Videos länger. Wir haben versucht, bewusst kurze Beiträge für Kama Muta zu finden, aber selbst hier brauchen diese Beiträge 30, 45 Sekunden. Mein Eindruck ist: Um das positive Gegenstück zu Wut aufzubauen, braucht es mehr Story. Ich muss zuerst eine Verbindung zum Publikum einführen, dann passiert zum Beispiel etwas Tragisches und dann muss ich das Gefühl von Zusammenhalt fördern."

Es scheint also zwar der kompliziertere Weg zu sein, in politischen Debatten Kama Muta auszulösen. Aber es ist ein möglicher Weg. Und wenn wir uns zurückerinnern, gab es ja Wahlkämpfe, in denen positive Emotionen betont wurden. Ein Beispiel ist die erste Wahlkampagne von Barack Obama, als er 2008 für das Amt des US-Präsidenten antrat. Vielleicht erinnern Sie sich an den Wahlkampf-Spot „Yes We Can". Man hört eine Rede Obamas und im Hintergrund singen oder sprechen Prominente mit, sodass es wie eine gemeinsame Botschaft klingt. Obama und die anderen Stimmen sagen: „It was a creed written into the founding documents that declared the destiny of a nation: Yes we can. It was whispered by slaves and abolitionists, as they blazed the trails towards freedom: Yes we can. Yes we can. (...)"[49] Auf Deutsch: „Es war ein Glaubensbekenntnis, das in die Gründungsdokumente geschrieben wurde und das Schicksal einer Nation verkündete: Ja, wir können. Es wurde von Sklav:innen und Sklaverei-Gegner:innen geflüstert, als sie die Wege zur Freiheit bahnten: Ja, wir können. Ja, wir können.“

Dieses Video ist bald 16 Jahre alt und bis heute löst es bei mir Berührtheit aus. 2008 lieferten Barack Obama und sein Team eine Kampagne, die stark positive Emotionen hervorrief. Wobei man eine Einschränkung machen muss. Wo Menschen Kama Muta verspüren, ist individuell bedingt und kann je nach Betrachterin oder Betrachter ganz unterschiedlich ausfallen. Um beim Beispiel Obama zu bleiben: Natürlich gibt es in den USA Wählerinnen und Wähler, die Obama zutiefst unsympathisch finden oder die Falschmeldung glauben, er wäre gar nicht in den USA geboren und hätte aus dem Grund niemals US-amerikanischer Präsident werden dürfen.[50] Aber zumindest auf Ebene von Parteien und politischen Bewegungen ist es doch eine hoffnungsvolle Botschaft, dass nicht nur negative Emotionen wie Wut, sondern auch positive Emotionen wie Kama Muta Menschen mitreißen und zum Handeln bewegen. Gerade in einer Zeit, in der Wut so ein großes Thema ist und bewusst eingesetzt wird, um bestimmte Ziele zu erreichen, sollte man das nicht außer Acht lassen.

WÜTEND SEIN, ABER MENSCHLICH BLEIBEN

Natürlich kann man als Einzelne oder Einzelner nicht beeinflussen, welche Emotionen zum Beispiel Parteien in ihren Wahlkampfvideos hervorrufen möchten. Auch hat man oft wenig Einfluss darauf, wie aufgeheizt die Grundstimmung bei manchen Diskussionen bereits ist oder wie kalkuliert Reizthemen eingebracht werden. Worauf ich selbst aber Einfluss habe, ist, wie ich dann reagiere. Die Überlegung, wie man persönlich gerade mit Emotionen wie Wut umgeht, ist nicht neu. Der griechische Philosoph Aristoteles schrieb schon vor mehr als 2300 Jahren, dass es „jedermanns Sache und ein Leichtes" sei, zornig zu werden. Schwieriger sei es, das richtige Maß dabei zu finden: „Es ist nicht leicht, zu bestimmen, wie und wem und aus welcher Veranlassung und wie lange man zürnen soll (...)."[51]

Empfehlung

Diese Suche nach dem richtigen Maß in der eigenen Emotionalität halte ich für einen guten Ansatz. Lassen Sie mich drei Tipps geben, die zum Teil auf Überlegungen der Kommunikationswissenschaftlerinnen Whitney Phillips und Diane Grimes aufbauen und zum Teil auf meinen eigenen Erfahrungen fußen:

1. Ein Reality Check ist immer sinnvoll. Stimmt die Behauptung, die mich gerade in Wut versetzt, überhaupt? Egal, wo man politisch steht, kann es passieren, dass einen eine Falschmeldung überrumpelt und in Wut

versetzt. So wurde vor einigen Jahren die Geschichte verbreitet, in Berlin wäre im Januar ein syrischer Geflüchteter gestorben, weil er zu lange in der Kälte beim zuständigen Amt hätte warten müssen, zunächst Fieber und Schüttelfrost bekommen und dann einen Herzstillstand erlitten hätte.[52] Das war eine Erfindung. Gerade wenn man Wut verspürt oder merkt, wie die eigenen Vorstellungen oder Feindbilder bestätigt werden, ist das ein guter Moment, sich zu erinnern, dass Wut und das Gefühl der eigenen Bestätigung Tricks sein können, damit man nicht zu kritisch die Nachricht überprüft. In vielen Fällen sind Falschmeldungen aber nicht gänzlich erfunden, sondern basieren ansatzweise auf einem realen Vorfall – zum Beispiel hat Landwirtschaftsministerin Klöckner tatsächlich im Fernsehen über Zuverdienstgrenzen von Asylbewerber:innen gesprochen, ihr wurde dann aber zusätzlich ein falsches Zitat in den Mund gelegt. Selbst wenn ein Teil der Meldung korrekt ist, darf der Reality Check an dieser Stelle natürlich nicht enden, das wäre nämlich Cherry Picking (das bedeutet, dass man sich nur jene Infos herauspickt, die zur eigenen Sichtweise passen und die Fakten ignoriert, die dieser widersprechen). Gerade wenn eine brisant klingende Erzählung gut zur eigenen Sichtweise oder den Reizthemen, die einen beschäftigen, passt, ist diese Bereitschaft zur Differenzierung von größter Bedeutung: Gibt es Teile der Erzählung, die nachweisbar falsch sind und mit denen der Vorfall aufgebauscht oder sogar zu etwas gänzlich Neuem gemacht wird?

2. Kann ich mir die Zeit nehmen, meine Gedanken zu sortieren? Der Moment, in dem man wütend ist, ist oft einer, in dem man die Komplexität eines bestimmten Themas, das einen gerade bewegt, oder eines Gegenarguments nicht berücksichtigt, vielleicht gar nicht berücksichtigen will. Deshalb ist es vielfach sinnvoll, etwas Zeit verstreichen zu lassen und nicht unmittelbar zu reagieren. „Mich ärgert das gerade sehr, aber ich möchte das noch etwas einsickern lassen“, kann ein Satz sein, den man im persönlichen Gespräch einbringt. Bei medial vermittelten Aufregerthemen ist man überdies als einzelne Medienkonsumentin oder -konsument nicht verpflichtet, sofort zu reagieren, selbst wenn Social-Media-Feeds den Eindruck vermitteln können, man müsse permanent und eilig Position beziehen. Die erwähnten Kommunikationswissenschaftlerinnen Phillips und Grimes haben zwei Aufsätze verfasst, in denen sie Empfehlungen geben für das Wütendsein im Internet. Selbst wenn man vollkommen gerechtfertigt Wut verspürt, kann ein Zeit-verstreichen-Lassen sinnvoll sein, schreibt Grimes. Denn „wir müssen uns nicht von der Wut mitreißen lassen, stattdessen können wir diesen kleinen Teil an Zeit und Raum erkennen, den wir zwischen dem Impuls zu handeln und dem tatsächlichen Handeln haben – und diese Zeit und diesen Raum nutzen, um eine kluge Entscheidung zu treffen und durchdachter zu reagieren“.

3. Welche Reaktion oder welche Intensität in meiner Reaktion ist angemessen oder sogar strategisch sinnvoll?

Wenn ein Vorfall zu Recht Ärger auslöst, stellt sich die Frage, wie man sinnvoll reagieren kann. Ein einfaches Beispiel: Gerade bei manchen gezielten Provokationen – sicher nicht immer, aber manchmal – kann taktisches Schweigen die richtige Antwort sein. Das heißt, ich gebe der Aussage, die ich ablehne, bewusst nicht noch mehr Raum. Doch das ist, wie wir sicher alle aus eigener Erfahrung wissen, leichter gesagt als getan, denn wer wütend ist, lässt sich gerne zu einer impulsartigen Reaktion hinreißen und macht damit die Provokation zusätzlich sichtbar. Grimes empfiehlt ein paar Übungen, wie man seine Impulsreaktionen identifizieren und in den Griff bekommen kann. Unter anderem kann man den eigenen Körper „scannen", zum Beispiel wie sehr man etwa die Zähne zusammenpresst oder sich verspannt. Wenn man die Intensität der eigenen Emotionalität, und wie man körperlich darauf reagiert, beobachtet, erkennt man womöglich den Moment, ehe man mit einer Kurzschlussreaktion antwortet.

Mir gefällt auch folgende Übung von Grimes: Sich gezielt die Menschlichkeit der anderen Person vor Augen führen, selbst wenn man zu Recht Wut über sie verspürt. Man muss die Person nicht mögen, man muss den Schaden, den jemand anrichtet, nicht verharmlosen, aber es kann einem selbst guttun, sich vor Augen zu halten, dass man es bei dieser Person mit einem Menschen, einem Individuum zu tun hat. Ich halte das für einen humanistischen Zugang. Das Gegenkonzept dazu scheint mir blinde Wut zu sein. Und von dieser profitieren nur jene, die ein gesellschaftliches

Diskussions- oder eher Streitklima provozieren wollen, in der Empathie zur Mangelware und ein grob vereinfachtes Schwarz-Weiß-Denken zum Normalfall werden. Whitney Phillips und Diane Grimes schreiben: „Wir müssen nicht Wut abschaffen, sondern Wut achtsam einsetzen.“[53]

KAPITEL 3

Gegen politischen „Bullshit“ – in sozialen Medien und klassischen Medien

Wut kann ansteckend sein. Diese Erfahrung machte eine Wienerin, Ende 40, nennen wir sie Maja. Ich sprach für dieses Buch auch mit Menschen, die sich manchmal schwertun, nicht zu viel Zeit auf Social Media zu verbringen oder die die oft aggressive Diskussionskultur im Internet sehr beschäftigt. Maja ist so jemand. Sie erzählte mir sogar: „In der Coronazeit habe ich mich ebenfalls radikalisiert, allerdings nicht in Richtung Verschwörungsmythen – sondern in die entgegengesetzte Richtung." Sie hat mitbekommen, wie in ihrem Bekanntenkreis Falschmeldungen und Verschwörungserzählungen verbreitet wurden. Maja begann, sich tiefer und tiefer in solche Behauptungen einzulesen, gab Freundinnen und Freunden hilfreiche Tipps, woran sie unseriöse Nachrichten im Internet erkennen können. Sie beobachtete zunehmend genauer die Szene, in der Verschwörungsmythen, oft antisemitisch konnotiert, gepostet wurden. Maja legte sich sogar Fake-Profile zu, um in solchen Gruppen auf Telegram mitlesen zu können. Vieles, was sie dort mitbekam, belastete sie. „Mich hat wirklich erschüttert, wie sehr dort gegen Andersdenkende mobilisiert wird und wie schnell das geht. Da hieß es: ‚Schaut, die Person hat gerade xyz gesagt, schnell dorthin und etwas schreiben.'" Sie erzählt, wie sie selbst zunehmend Wut und Verzweiflung verspürte: „Ich habe sogar sechs-, siebenmal Menschen angezeigt, weil diese Links posteten, wie man gefälschte Impfpässe oder Testergebnisse kaufen kann. Obwohl ich mir selbst unsympathisch war, dass ich andere Menschen anzeige." Maja ist zwar Österreicherin, aber einige deutsche Bundesländer bieten die Möglichkeit der Online-Anzeige an.[54] Sie hat diese genutzt, weil es bisher in Österreich keine solche Internet-Polizeiwachen gibt. Schließlich kam der Moment des Umdenkens. Sie hatte zuvor mit dem Gedanken gespielt, einen Bekannten öffentlich bloßzustellen: „Er ist eine hochrangige Führungsperson in einem Medium, hat aber auf Facebook unter einem Pseudonym selbst Verschwörungsmythen und extrem rechte Webseiten verbreitet. Ich habe überlegt, ihn öffentlich anzuprangern. Und dann kam mein Entschluss: Nein!“ Sie merkte, dass sie sich zu sehr von dieser aufwühlenden Thematik hat einnehmen lassen: „Daraufhin habe ich all meine Fake-Profile gelöscht und meinen Social-Media-Konsum grundsätzlich geändert.“ Sie nutzt zwar weiterhin gerne Instagram, aber vorrangig für unterhaltsame Inhalte. Auch ist sie nach wie vor ein politisch denkender Mensch, konsumiert Medien, hört Radionachrichten. Aber sie achtet sehr darauf, welche Medien sie aufruft und welche Kanäle auf Social Media sie abonniert. Rückblickend meint sie: „Ich vermute, mir ist es ähnlich gegangen wie den Verschwörungsgläubigen. In diesen Telegram-Gruppen wird man ständig mit hochemotionalen Botschaften versorgt, wie: Alle Geimpften sind im September tot. Oder welche Ausrüstungsgegenstände man für den Tag X braucht, an dem das ganze System zusammenbricht. Wenn man diese ständige Emotionalisierung bei anderen beobachtet, dann macht das auch etwas mit einem selbst.“

Majas Erfahrungen sind ein Extrembeispiel, aber sie spiegeln zwei größere Probleme wider: Es kann geradezu zermürbend sein, wenn man viel Zeit in solchen Diskussionsräumen verbringt, in denen in einer Tour Hasskommentare und Falschmeldungen gepostet werden. Die Gefahr besteht, dass man nach dem Mitlesen auf Social Media überschätzt, wie düster die Welt, wie gespalten die Gesellschaft ist. Das zweite Problem: Die großen Digitalplattformen unserer Zeit bieten viel Gelegenheit, sich über die Gegenseite aufzuregen. Hier kommt es zu etwas, das der Medienwissenschaftler Bernhard Pörksen als „Empörung zweiter Ordnung" bezeichnet. Er meint damit „eine Wut über die Wut der jeweils anderen Seite".[55] Erinnern wir uns an die *Bild*-Geschichte „Nur noch eine Wurst pro Monat für jeden!". Zuerst ärgerten sich Menschen über diese Schlagzeile, auch Markus Söder verfasste einen polternden Tweet. Danach regten sich andere über Markus Söder und die *Bild* auf, das ist die Empörung zweiter Ordnung.

Wahrscheinlich haben Sie schon vom Begriff der „Filterblase" gehört. Er bezeichnet die Vorstellung, dass die Algorithmen von Facebook und Co., also die Software dieser Plattformen, ein Auseinanderdriften bewirken, durch das Menschen in der jeweils zu ihnen passenden Blase voller Gleichdenkender landen. Einige Forschungsergebnisse deuten mittlerweile eher in eine andere Richtung: nämlich dass man online sehr wohl auf Andersdenkende oder auf Inhalte entgegengesetzt zu der eigenen Meinung aufmerksam wird.[56] Womöglich ist das sogar Teil des Problems, dass es zu einem Zusammenstoßen unterschiedlicher Gruppen auf Social Media kommt – aber in Form von Streit. Dahinter liegt ein noch größeres Thema: Digitale Plattformen sind Zerrspiegel, in denen wir zum Beispiel vorrangig jene Personen sehen, die besonders meinungsstark und besonders aktiv sind.

Etliche Untersuchungen zeigen, dass wir auf digitalen Plattformen vorrangig eine lautstarke Minderheit – keinen

Querschnitt der Gesellschaft – mitbekommen. Nehmen wir das TikTok-Nutzungsverhalten von Erwachsenen in den USA: In dieser Gruppe ist es so, dass jene aktivsten 25 Prozent der Nutzerinnen und Nutzer 98 Prozent der öffentlich einsehbaren Videos erstellen. Rund die Hälfte der Erwachsenen auf TikTok haben selbst überhaupt noch nie ein Video gepostet, fand das Pew Research Center 2023 heraus.[57] Dass eine Minderheit die absolute Mehrzahl der Postings erstellt, zeigen etliche Untersuchungen auf.

Bei Twitter (jetzt: X) sah dieses Meinungsforschungsinstitut im Jahr 2021: Wer überdurchschnittlich viel auf der Plattform postete, also ein „high-volume user" ist, gibt deutlich öfter als andere an, die Plattform auch deshalb zu nutzen, um dort die eigene Meinung kundtun zu können.[58] Im Feed sind die Meinungsstarken sichtbar, die etwas gepostet haben. Der Normalfall hingegen ist, dass Menschen im Schnitt wenig bis gar nichts posten, aber sie sind dementsprechend unsichtbar.

Eine Beobachtung aus Österreich: 2017 fand die Nationalratswahl statt. Für diesen Wahlkampf hat das Online-Medium Mokant.at eine Datenauswertung vorgenommen: 40 Facebook-Seiten aus dem Bereich Politik und Medien wurden analysiert und 2,9 Millionen Kommentare auf diesen Seiten gesammelt. Stellen Sie sich vor: Nur rund 8900 Personen haben die Hälfte dieser Kommentare verfasst![59] Das führt zu einem wichtigen Schluss: Was man online sieht, ist nicht die „Volksmeinung". Vielmehr besteht die Möglichkeit, dass sogar sehr kleine, aber überzeugte Gruppierungen in ihrem Sinn das Meinungsbild in Debatten beeinflussen können.

TikTok-Untersuchung
(durchgeführt vom Pew Research Center 2023)

INTERNET ALS ZERRSPIEGEL

Es ist teils ein verzerrtes Bild der Wirklichkeit, das man online erhält. So kommen Menschen über das Internet deutlich öfter mit Inhalten in Kontakt, die sie empören, die bei ihnen Moral Outrage erzeugen. Für die USA berechnete die Psychologin Molly Crockett: Wenn man vergleicht, wie oft Menschen in persönlichen Gesprächen, beim Konsum traditioneller Medien (Print, TV, Radio) oder im Internet von Handlungen erfahren, die in ihren Augen unmoralisch sind und dann Wut und Ekel auslösen, zeigt sich klar, dass das Internet die Sichtbarkeit von Entrüstung begünstigt.[60]

Empfehlung

Dazu möchte ich einen Tipp geben: Es lohnt sich, sich immer wieder selbst daran zu erinnern, dass digitale Debatten Verzerrungen aufweisen. Maja hat zum Beispiel in solchen Online-Gruppen von Verschwörungsgläubigen mitgelesen. Es stellt ein ernsthaftes Problem dar, dass man dort tausende Menschen findet, die vom Tag X sprechen, an dem angeblich das ganze System zusammenbricht, oder die die Ansicht vertreten, alle Wahlen wären manipuliert und die Ergebnisse längst gefälscht. Es ist aber auch wichtig, in einem zweiten Schritt den Blick zu weiten und zu versuchen, das große Ganze zu betrachten. Diejenigen, die wirklich glauben, es stehe ein Tag X bevor, machen nur einen winzigen Teil der Gesellschaft aus. Wir sind weit davon entfernt, dass solche Ansichten der Normalfall wären. In den Sozialwissenschaften findet man den Begriff der „False Polarization". Das bedeutet, dass Menschen oft eine falsche, eine verzerrt große Vorstellung von der tatsächlichen Polarisierung im Land haben. Eine Antwort auf False Polarization kann sein, dass man Menschen aufzeigt, dass die jeweils andere Seite nicht so negativ denkt, wie sie annehmen.[61] Mir persönlich hilft dieses Wissen, dass die Polarisierung in der Gesellschaft geringer ist, als es manch eine hitzige Online-Debatte nahelegt, um nicht selbst hoffnungslos zu werden. Dieser irreführende Eindruck der False Polarization kann übrigens durch den „Illusory Truth Effect" gefördert werden, das heißt, die ständige Wiederholung einer Aussage erhöht die Chance, dass sie als wahr eingeordnet wird. Wer in sehr meinungslastigen, faktenfernen oder überzeugten Online-Communitys mitliest, bekommt womöglich wiederholt ein sehr verzerrtes Bild der Welt eingeblendet; auf diesen Effekt gehe ich genauer in Kapitel 6 ein.

Dass man im Internet vermehrt moralische Entrüstung mitbekommt, kann zu weitreichenden Problemen führen. So stellt sich die Frage, ob Menschen geradezu darauf konditioniert werden, selbst stärker Wut, Ekel und Abscheu über die andere Seite auszudrücken, also Moral Outrage zu zeigen. Die eben erwähnte Psychologin Molly Crockett hat das gemeinsam mit Kollegen untersucht. Zuerst haben die Forschenden einen Algorithmus trainiert, der erkennen konnte, dass Tweets mit Sätzen wie „du bist ein wertloses Stück Scheiße“ oder „halt deine Lügenfresse“ auf moralische Empörung hinweisen. Wenn Menschen auf Twitter ein Posting mit moralischer Entrüstung verfassten und daraufhin überdurchschnittlich viele Likes und Shares bekamen, dann stieg die Wahrscheinlichkeit, dass sie am Folgetag erneut entrüstet posteten. Man nennt das „bestärkendes Lernen“, auf Englisch „Reinforcement Learning“. Ein zweiter Lerneffekt kam hinzu. Wer sich neu auf einer Plattform anmeldet, erhält allein schon durch Mitlesen einen Eindruck vom dort üblichen Umgangston. Hier fiel auf: Wenn sich Menschen in ideologisch extremeren Netzwerken befanden, also vielen Profilen am Rande des politischen Spektrums folgten, posteten sie auch eher selbst moralisch entrüstet. Das ist „Norm Learning“, Normenlernen. Einfach gesagt: Es gibt Grund zum Verdacht, dass Menschen auf den heute existierenden digitalen Plattformen motiviert werden, moralisch entrüstet zu posten.[62]

SOZIALE NETZWERKE KÖNNEN ANDERS AUSSEHEN

Dazu passt auch der Begriff „Rage Bait", der uns schon in Kapitel 2 begegnet ist: Influencerinnen und Influencer haben gelernt, dass es eine Erfolgsstrategie sein kann, wütendmachende Inhalte zu posten und damit Reaktionen zu provozieren. Das passiert auch im nicht-politischen Spektrum, um Klickzahlen zu generieren. Zum Beispiel erstellt der TikTok-Influencer Ryan Gawlik unterhaltsame Videos, oft zum Thema Kaffee. In manchen seiner Videos regt er Leute absichtlich auf, etwa indem er ein Wort falsch ausspricht („Expresso" statt „Espresso"). Oder er isst einen KitKat-Riegel auf ungewöhnliche Weise (er beißt in mehrere Rippen gleichzeitig, statt eine Rippe nach der anderen herunterzubrechen). Selbst mit solchen lächerlichen Details kann man wütende Kommentare wie den folgenden provozieren: „Bro, wenn ich dich jemals in der Öffentlichkeit sehe und du isst ein KitKat auf diese Weise, dann stoße ich dich vor einen Bus."[63] Der Nachrichten-Website Business Insider hat Gawlik erzählt, dass er absichtlich Wut auslöst und dass sich die Interaktionen zu seinen Videos seither verfünffacht haben.[64]

Zurück zum eigentlichen Thema dieses Buchs. Natürlich müssen wir die Frage stellen, ob Rage Bait eine der erfolgreichsten politischen Taktiken unserer Zeit ist. Als zum Beispiel Donald Trump auf Twitter einigen Medien unterstellte, ein „enemy of the American people" zu sein, wurde diese Aussage weltweit zitiert.[65] Man sieht hier außerdem ein Zusammenspiel von Social Media und klassischen Medien: Die Themensetzung beginnt auf digitalen Kanälen, aber die vollständige Wirkung der Provokation entfaltet sich durch die zusätzliche Reichweite in journalistischen Medien. Darauf gehe ich noch ausführlicher ein, doch bleiben wir für den Moment bei den digitalen Plattformen.

Molly Crockett und ihre Kollegen gehen davon aus, dass die Algorithmen von Social-Media-Apps beim Erlernen von Moral Outrage in der eigenen Ausdrucksweise eine Rolle spielen können.[66] Dazu etwas technischer Hintergrund: Auf Facebook etwa kann es passieren, dass Postings mit aktivierenden Emotionen (wie Wut) Leute stärker dazu bringen, einen Beitrag zu kommentieren oder zu teilen. Wir wissen, dass die Algorithmen der Plattformen solche Interaktionen als Signal dafür heranziehen, dass ein Inhalt angeblich wichtig ist, und dieser dann daraufhin potenziell noch mehr Menschen angezeigt wird.[67] Dies führt zu der Sorge, dass Algorithmen jene Postings belohnen, die Wut auslösen. Denn sie provozieren Interaktionen regelrecht und könnten dann mit zusätzlicher Reichweite begünstigt werden.

TikTok dagegen ist etwas anders gebaut. Hier scheint die sogenannte Verweildauer auch eine große Rolle zu spielen, also wie lange man ein Video im Feed ansieht. Bleibt man länger bei einem Video, kann es passieren, dass man weitere ähnliche Inhalte eingeblendet bekommt.[68] Gerade verstörende oder problematische Videos könnten aber auch dazu führen, dass Leute länger hinblicken.[69] Und dann kriegt man potenziell weiteres derartiges Material in den Feed gespült.[70]

In Deutschland fällt bei TikTok auf, dass ausgerechnet die AfD ganz vorne bei der Reichweite ihrer Videos liegt. Der Politikberater Johannes Hillje hat alle TikTok-Accounts der Bundestagsfraktionen verglichen und berechnete, dass die AfD zwischen März 2023 und März 2024 im Schnitt rund 458.200 Aufrufe pro Video erzielte. Weit abgeschlagen besetzte auf Platz zwei die SPD mit im Schnitt rund 72.400 Aufrufen, die anderen Parteien lagen dahinter.[71]

Zum einen stellt sich hier die Frage, ob die stark emotionalisierende und mit Feindbildern arbeitende Rhetorik von rechtspopulistischen bis rechtsextremen Parteien besonders gut zur Verbreitungslogik dieser Plattform passt. Denn solche Rhetorik kann interessantes oder aufwühlendes Videomaterial erzeugen, bei dem Menschen genauer hinschauen, teils, weil es ihnen gefällt, teils, weil es sie irritiert. Zum anderen sollte hier fairerweise ebenso angemerkt werden: Der digitale Erfolg von rechtspopulistischen und rechtsextremen Parteien liegt auch an ihrer Beharrlichkeit, wie frühzeitig und fleißig sie solche Kanäle nutzen.[72]

Durchschnittliche Aufrufe pro TikTok-Video,

Auswertung von Johannes Hillje

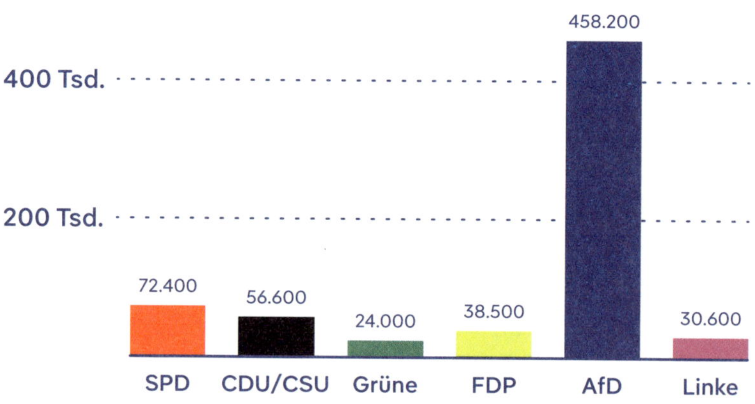

Ich habe schon kurz erklärt, dass Facebook und TikTok unterschiedlich programmiert sind. Das zeigt, die Funktionsweise dieser Plattformen folgt keinem Naturgesetz. Man muss davon ausgehen, dass oftmals Unternehmensziele beeinflussen, wie solche Algorithmen ausgerichtet sind. Im Umkehrschluss bedeutet das: Man kann Online-Dienste mit Blick auf andere Gesichtspunkte umprogrammieren oder neu designen. Dazu zwei technische Lösungsansätze.

Erstens, die Algorithmen der großen Social-Media-Plattformen können, wie gesagt, verändert werden. Plattformen sollten unter anderem gegen die „Über-Repräsentation von negativen moralisierten Inhalten" vorgehen, lautet ein Vorschlag von Psycholog:innen, unter anderem Molly Crockett.[73] Das klingt im ersten Moment abstrakt, aber erinnern Sie sich: Algorithmen können zum Beispiel extra dafür entworfen werden, moralische Entrüstung in Postings zu erkennen. Es wäre interessant zu wissen, wie ein soziales Netzwerk aussieht, in dem etwa Postings mit Moral Outrage nicht überdurchschnittlich gut sichtbar sind. Hier stellt sich weniger die Frage, ob Social-Media-Plattformen solche Ideen technisch umsetzen können, sondern eher, ob sie das aus ökonomischen Gesichtspunkten wollen.[74] Deshalb braucht es für grundsätzliche Änderungen großer Digitalplattformen gesellschaftlichen Druck und womöglich zusätzliche Gesetze.

Zweitens, und das ist sehr interessant: Selbst einzelne Pop-ups können etwas bewirken. Es gibt das „Prosocial Design Network", ein Zusammenschluss von Fachleuten aus den Feldern Wissenschaft und Online-Design.[75] Dieses Netzwerk sucht nach Kniffen, die einen positiven Einfluss auf das Verhalten und die Gesprächskultur auf digitalen Portalen haben können. Beispielsweise scheint der Hinweis auf Normen, also welches Verhalten im Gespräch gewünscht ist, oft auch Netiquette genannt, bereits einen positiven Effekt zu haben. So erhielten bei Reddit Leute, ehe sie etwas posteten, einen Hinweis auf die Regeln innerhalb der Community (konkret handelt es sich um eine Wissenschafts-Diskussionsgruppe). Bei neu registrierten Userinnen und Usern stieg daraufhin die Chance um acht Prozentpunkte, dass ihre Kommentare stehen bleiben konnten.[76] Man kann nun einwenden, acht Prozentpunkte stellen nur eine kleine Verbesserung dar. Aber ich finde es sogar bemerkenswert, dass selbst ein einzelnes Pop-up einen messbaren Effekt haben kann. Es ist sinnvoll, schrittweise solche Verbesserungen und Nachjustierungen einzuführen.

Experiment in Diskussionsgruppe

Auch wenn ich sehr kritisch klinge, will ich Social Media nicht pauschal kritisieren. Natürlich kann es für einzelne Menschen eine Lösung sein, auf digitale Kanäle zu verzichten.[77] Nur ist es durchaus so, dass manch eine Nutzungsvariante dieser Kanäle positiv – sogar sinnvoll – ist. Nehmen wir die BookTok-Szene. Das sind Videos, in denen sich meist Jugendliche oder junge Erwachsene austauschen, welche Bücher sie mögen. Und für marginalisierte Gruppen können soziale Medien eine befreiende und bestätigende Wirkung haben. Eine US-amerikanische Studie kam zu dem Ergebnis, dass Teenager, die LGBT (lesbisch, schwul, bisexuell, trans) sind, online eher Freundinnen und Freunde haben als nicht-queere Jugendliche und sie diese Online-Freundinnen und -Freunde als hilfreicher bewerten als ihr Offline-Netzwerk, wenn es darum geht, ihnen emotionale Unterstützung zu bieten.[78] Eine wichtige Herausforderung der nächsten Jahre ist in meinen Augen, dass wir die schönen Seiten von Social Media bewahren, aber ihre gesellschaftlichen Risiken eindämmen.

BULLSHIT-TAKTIKEN NICHT BELÄCHELN

Wir müssen, fürchte ich, nicht nur über Social Media reden. Denn viele Menschen kriegen populistische Entgleisungen nicht über große Plattformen, sondern über etablierte, journalistische Medien mit. Sina Blassnig ist Professorin an der Universität Freiburg in der Schweiz und hat ausgiebig zu populistischer Rhetorik geforscht. Zunächst eine Begriffsklärung, die Blassnig im Gespräch mit mir lieferte: „Oft werden drei Kriterien herangezogen, ob etwas Populismus ist: Populistische Parteien suggerieren, dass sie die einzigen wären, die für das Volk sprechen. Zweitens zeichnen sie das Volk als homogene Masse, so als hätten alle Menschen gleiche Ansichten oder Interessen. Und drittens wird Misstrauen in Eliten geweckt und so getan, als würden sie gegen den Willen des Volkes arbeiten. Dementsprechend ist populistische Rhetorik von Elementen wie Anti-Elitismus oder Volkszentrismus geprägt." Blassnig hat 2015 mit Kolleg:innen in einer Studie Facebook-Posts und Tweets von Parteichefinnen und Parteichefs in sechs Ländern ausgewertet, darunter auch Deutschland. Die Kurzfassung: Populistische Kommunikation wurde belohnt, auf Facebook war es sogar der Fall, dass einzelne Postings mit solchen Erzählungen wie Volkszentrismus oder Anti-Elitismus überdurchschnittlich viele Likes und Shares erhielten. Auf Twitter war dies für einzelne populistische Postings nicht der Fall, aber sehr wohl lohnte sich der wiederholte Einsatz populistischer Rhetorik. Die Forscher:innen stellen fest: „Unsere empirischen Ergebnisse stehen im Einklang mit früheren Beobachtungen, wonach Populismus Politiker:innen jeder Couleur helfen kann, die eigene Social-Media-Popularität und -Reichweite zu erhöhen."[79]

Dieser Befund passt zu manch einer Beobachtung aus der Praxis: Denken wir an CDU-Chef Friedrich Merz, der in einer Diskussionsrunde der Tageszeitung *Die Welt* behauptete, Menschen, deren Asylantrag abgelehnt wurde, „sitzen beim Arzt und lassen sich die Zähne neu machen. Und die deutschen Bürger nebendran kriegen keine Termine." Etliche Faktenchecks kamen zum Ergebnis, dass sich die Aussage so nicht halten lässt.[80] Bemerkenswert an der Äußerung ist nicht nur, dass sie in Faktenchecks Widerspruch erntete, sondern vor allem, dass sie zu fremdenfeindlichen Deutungsmustern passt, wie man sie von rechtspopulistischer Seite kennt: Hier arbeitet ein Vertreter der „bürgerlichen Mitte" mit einer „Wir gegen die"-Erzählung und löst prompt ein Riesenecho, auch auf sozialen Medien, aus.

In ihrer Studie aus 2015 kam Blassnig außerdem zu dem Ergebnis, dass etablierte Medien Teil dieser Aufmerksamkeitslogik sind: Zwar schnitten auf Twitter einzelne Beiträge, die Populismus beinhalteten, nicht durchschnittlich besser ab. Aber ihr fiel auf: „Da sich viele Journalistinnen und Journalisten auf Twitter aufhielten, haben sie diese Aussagen oft in klassische Medienberichte übernommen. Soziale Medien werden von Politikerinnen und Politikern häufig nicht nur genutzt, um direkt die Leute anzusprechen, sondern auch, um in die klassischen Medien hineinzukommen. Und in einer anderen Auswertung haben wir gesehen, dass Artikel mit populistischen Aussagen im Durchschnitt mehr Leserkommentare erhalten und dass dann die Leserkommentare auch populistischer sind."[81]

Deshalb ist es auch notwendig, über den Journalismus an sich zu sprechen. Es kann sein, dass manche Medien relativ unbekümmert provokative Aussagen wiedergeben – weil das ihrer eigenen Klick-Logik entspricht. Aber, so meine Erfahrung, auch in Redaktionen, die nicht auf jede populistische oder extremistische Provokation einsteigen, nicht über jedes Stöckchen, das ihnen hingehalten wird, brav springen wollen, stellt sich die Frage, wie man mit solcher Rhetorik und Ideologie umgeht. Gibt es dazu Lösungsvorschläge? „Ich kann hier keine einfachen Rezepte, allenfalls Gedankenanstöße geben." Diesen Satz sagt der Kommunikationswissenschaftler Frank Esser von der Universität Zürich in einer Vorlesung zum Thema „Welche Rolle haben die Medien bei der Verbreitung von Populismus", die man auf YouTube ansehen kann.[82] Ich gebe folgend eine Kurzfassung seiner Vorlesung und eines Buchkapitels wieder, an dem er mitgeschrieben hat. Esser bringt sieben Denkanstöße ein:

1. „Angesichts der populistischen Herausforderungen ist es für Medienorganisationen zunächst einmal notwendig, sich ihrer Rolle in der Demokratie neu klar zu werden." So gab sich zum Beispiel die *Washington Post* nach der Wahl von Donald Trump zum US-Präsidenten selbst den Slogan „Democracy Dies in Darkness". Medienhäuser sollen zum Beispiel für sich klären: Sehen sie sich im Grunde als passive Überbringer von Information? Gibt es einen Punkt, ab dem sie den Eindruck haben, dass sie demokratische Werte verteidigen müssen? Zur Klärung gehört dazu, die eigene Positionierung dem Publikum zu kommunizieren.

2. Einheitliche Standards in der Berichterstattung sind wichtig. Das heißt, über alle ist gleich sorgfältig und fair zu berichten, sonst schadet das der Glaubwürdigkeit des Journalismus.

3. Demokratieverletzungen offenlegen. Wenn Grundprinzipien der liberalen Demokratie (wie Rechtsstaatlichkeit, Minderheitenrechte) verletzt werden, muss das eingeordnet werden.

4. Fact-Checking – eben konkrete falsche Behauptungen als solche einordnen.

5. „Was Populisten attraktiv macht, sind ihre großen Erzählungen, und darauf nicht nur mit Häme und Kritik, sondern mit einem positiven Gegenbild, einer alternativen, besseren Gesellschaft, besseren Demokratie zu reagieren, ist ein Hinweis, der sich hier nicht nur an die Medien richtet, sondern auch an die anderen Parteien."

6. Dass Medien selbst ständiger systematischer Kritik durch Populistinnen und Populisten ausgeliefert sind, bedarf auch eines Reflektierens über berufliche Normen wie Ausgewogenheit, Vollständigkeit und so weiter.

7. Dekonstruktion der populistischen Medienstrategien. Hierzu zählt beispielsweise offenzulegen, wie Populistinnen und Populisten versuchen, „den Nachrichtenfluss zu beeinflussen und mit gezielten Tabubrüchen und wohldosierten Grenzüberschreitungen immer wieder den Journalismus" dazu zu bringen, über sie zu berichten.[83]

Ich halte diese Liste für hilfreich. Gewiss: In der Praxis muss eine Redaktion konkrete Fragen für sich ausverhandeln. Zum Beispiel, ab wann lässt sich etwas als Verletzung demokratischer Prinzipien werten? Aber mit dieser Aufzählung lässt sich meines Erachtens eine Art Richtschnur für Redaktionen anlegen, worüber und wie sie berichten können.

Bleiben wir bei einem Punkt, den Esser anspricht: Man soll gleiches Maß bei allen Parteien anwenden. Dazu erscheint mir wichtig, ebenfalls zu betonen, wenn andere Parteien – die nicht traditionell dem rechtspopulistischen Spektrum entstammen – ebenfalls mit populistischer Kommunikation (siehe zum Beispiel Friedrich Merz) auffallen oder rhetorische Nebelgranaten in Debatten einwerfen. Etwa ist bekannt, dass die konservative Österreichische Volkspartei (ÖVP) unter Führung des damaligen Bundeskanzlers Sebastian Kurz sogenannten „SNU“ einsetzte, eine Abkürzung für „Strategisch Notwendigen Unsinn“. Der frühere Chefkommunikator des Bundeskanzlers, Gerald Fleischmann, beschrieb das in seinem Buch *Message Control*. So sei es dem Team des Bundeskanzlers aufgefallen, dass ungefähr im Abstand von fünf Tagen ein neues Thema in sozialen Medien aufkam, das in der Regel Empörung verbreitete. Fleischmann schreibt: „Urheber der Aktionen waren meist die Opposition oder andere Gegner der Regierung. Eine falsche Aussage eines Ministers, eine Panne bei einer Maßnahme, ein fehlerhaftes Verhalten und schon kam es zur Empörung der Regierungsgegner, zu einem Shitstorm in den sozialen Medien und tags darauf zu Ermahnungen und Belehrungen in den Leitartikeln.“ Die Strateginnen und Strategen der Regierung begannen, „von sich aus bewusst Themen zu setzen, die in den sozialen Medien zur Empörung führten. Allerdings solche Themen, die der Regierung kaum schadeten und der Mehrheit der Bevölkerung egal waren. Die Regierungsstrategen nannten diese bewusst gesetzten Themen zunächst ‚Bullshit-Themen‘. Ziel war es, die künstlich wirkende Empörung von Opposition und Regierungsgegnern auf ein Thema zu kanalisieren, das für die Regierung und die Bevölkerung unerheblich war.“ Schließlich sei einem Journalisten der *Kronen Zeitung* diese

Taktik aufgefallen und er nannte sie „strategisch notwendigen Unsinn", eine Formulierung, die dann vom Regierungsteam intern übernommen worden sei. Ein solches Ablenkungsthema war beispielsweise „ein Streit zwischen den Regierungsparteien darüber, ob der Klimaschutz eher durch Fortschritt oder durch Verzicht umgesetzt werden würde".

Der PR-Experte Fleischmann schildert diese Ereignisse in süffisantem Tonfall, aber ich persönlich finde dieses Vorgehen nicht witzig. Eher verharmlosend scheint mir auch der Hinweis, dass vielen Menschen solche innenpolitischen Detaildebatten ohnehin egal seien. Vielmehr würde ich gerne wissen: Welche Themen wurden denn dann nicht oder nur wenig diskutiert, weil ein Teil der Öffentlichkeit mit „Bullshit-Themen" beschäftigt war, denen die Regierung in Wahrheit anscheinend selbst keine große Bedeutung zumaß? Es erscheint mir, auch abseits des traditionell populistischen Lagers, sehr wichtig, dass Medien solche Bullshit-Taktiken benennen und nicht belächeln.

Eine Anmerkung noch: Ich weiß nicht, ob dem Kommunikationsprofi Fleischmann dies bewusst ist, aber dass sein Team anfangs intern von „Bullshit-Themen" sprach, ist eine bemerkenswerte Wortwahl. In einem berühmten Essay hat der Philosoph Harry Frankfurt schon 1986 „Bullshit" als politische Kommunikationsmethode beschrieben. Man kann es als einen zynischen Zugang verstehen, bei dem jemandem gleichgültig ist, ob das Gesagte stimmt oder nicht, Hauptsache, ein angestrebtes Ziel wird erreicht. Konkret schreibt Frankfurt: „Für den Bullshitter hingegen gibt es keinen Halt: Er ist weder auf der Seite der Wahrheit noch auf der Seite des Falschen. Sein Blick ist nicht auf die Fakten gerichtet (...).

Ihm ist es egal, ob die Dinge, die er sagt, die Realität korrekt beschreiben. Er wählt sie einfach aus oder erfindet sie, um seinem Zweck zu dienen."[84] Übrigens wurde auch Donald Trump wiederholt vorgeworfen, ein Bullshitter zu sein, der seine Worte vorrangig daraufhin ausrichtet, was diese dann in der Öffentlichkeit bewirken.

STRATEGISCHE MEDIENNUTZUNG

Auch als Teil des Publikums kann man solche Gedankenanstöße aus der Kommunikationswissenschaft berücksichtigen, sich fragen: Gibt es Medien oder einzelne Medienleute, deren Berichterstattung besonders gut zu diesem kritischen Zugang passt? Lassen Sie mich zum Beispiel zwei Journalistinnen nennen, die in meinen Augen erstklassige Einordnungen populistischer Demokratieverletzungen oder Medienstrategien betreiben: In Österreich berichtet Nina Horaczek bei der Wochenzeitung *Falter* über Rechtspopulismus und Rechtsextremismus (Anmerkung: ich war langjährig ihre Kollegin). Ihr Newsletter namens „Blauland" bietet Einblick in die Taktiken und Ideologie dieses Lagers. In Deutschland ist die *Spiegel*-Journalistin Ann-Katrin Müller für ihre Recherchen zur AfD bekannt, erklärt auch kommunikative Tricks dieser Partei.[85] Ganz im Gegensatz zu solchem kritischen, einordnenden Journalismus gibt es übrigens eine Berichterstattung, die Esser und andere Kommunikationswissenschaftler:innen „Medienpopulismus" nennen. Ein solcher Medienpopulismus findet beispielsweise statt, „wenn Medien dieselben

Krisennarrative, Volkszentrismus, Schuld-Frames verwenden, dieselbe Übergeneralisierung ‚Wir gegen die', Anti-Elitismus, Perspektiven gegen Fremdgruppen, die charakteristisch sind für populistische Kommunikation."[86]

Auch als Einzelne oder Einzelner hat man zu einem gewissen Grad die Macht, für sich selbst zu entscheiden, welche Form von Journalismus man fördert – ob man zum Beispiel die eigene Zeit dort verbringt, wo solcher Medienpopulismus geliefert wird, oder man die eigene Aufmerksamkeit gezielt dort investiert, wo eine kritische Einordnung passiert. Denn die eigene Aufmerksamkeit ist viel wert.

Ich schreibe dieses Buch, weil ich überzeugt bin: Wenn Menschen über unfaire Methoden der Diskussionsführung oder über Tricks, wie Debatten zur Eskalation gebracht oder ablenkende Themen eingestreut werden, Bescheid wissen, besteht die Chance, dass sie solche Methoden in Zukunft auch anderswo erkennen. Auch beim Grillfest mit der erweiterten Familie lässt sich so besser einordnen, weshalb eine Aussage eine typische Ablenkungsstrategie ist oder wie darin „Wir gegen die"-Erzählungen befeuert werden.

Mein Tipp ist immer: Medien suchen, die einem solche Einordnungen und Erklärungen liefern – denn die gibt es. Im vorherigen Kapitel habe ich bereits die Idee des achtsamen Einsatzes von Wut angesprochen. Dazu passend erscheint mir ein achtsamer Medienkonsum ebenso eine der wichtigsten individuellen Reaktionsmöglichkeiten. Um gut Bescheid zu wissen, was in der Welt los ist, aber sich dabei nicht zermürben zu lassen, auch in Zeiten von Klimakrise und Kriegen, ist es sinnvoll, nicht ausufernd, wie es beispielsweise Apps nahelegen, sondern zielgerichtet Medien zu konsumieren. Ehe ich beispielsweise Social-Media-Apps öffne, stelle ich mir mittlerweile oft zwei Fragen. Erstens: Für welchen konkreten Zweck will ich gerade diese Anwendung öffnen? Zum Beispiel kann ein konkretes Ziel sein, 30 Minuten auf Instagram ausschließlich Koch-Kanäle anzusteuern und interessante Rezepte herauszusuchen. Oder man kann sich 30 Minuten lang gezielt einem speziellen Recherchethema auf X widmen. Die zweite Frage: Fällt mir eine bessere Möglichkeit ein, diese 30 Minuten zu verbringen? Häufig fällt mir Besseres ein.

„Wenn wir nur begrenzte Aufmerksamkeit zum Verteilen, wenn wir nur begrenzt Zeit auf dieser Erde haben, dann sollten wir vielleicht darüber nachdenken, unsere Aufmerksamkeit und unsere Kommunikation mit jener Intention wieder zu versehen, die sie verdient haben.“[87] Das schreibt die Künstlerin Jenny Odell in ihrem Buch *How To Do Nothing*. Sie plädiert nicht wirklich dafür, nichts zu tun, sondern nachzudenken, wo die eigene Zeit und Aufmerksamkeit gut investiert sind. Und diese Achtsamkeit gegenüber der eigenen Zeit kann man lernen.

Ich habe für dieses Buch mit einem User gesprochen, nennen wir ihn Georg, der selbst oft frustriert war. Er verbrachte zu viel Zeit beim Mitlesen von hitzig geführten Online-Debatten: „Wie ein gut programmierter Roboter habe ich immer wieder dieselbe App geöffnet, Facebook“, erzählte er mir, „und ich verlor mich oft in Diskussionen zu polarisierenden Themen. Bis zum Schlafengehen habe ich neugierig mitgelesen. Selbst mein Mann fragte mich irgendwann: ‚Warum schaust du dir das dauernd an, wenn es dich so aufregt?‘“ In der Coronazeit hat Georg zum Beispiel neugierig polarisierte Debatten über das Tragen von Schutzmasken verfolgt. Aber das Thema, das ihn am meisten bewegt, sind LGBT-Rechte und die Gleichbehandlung von queeren Menschen. „Ich habe mittlerweile eine Vermutung, warum ich gerade die negativen, aufwühlenden Postings suche. Ich glaube, dass mich das in der eigenen Meinung und Selbstsicherheit festigt. Also wenn ich so richtig eine Wut bekomme, was manche posten, dann bestätigt mich das auch in meiner Sichtweise“, meint er. Interessanterweise hat diese Beobachtung allein nicht sein Verhalten geändert: „Es war zur Routine geworden, dass ich ständig Facebook öffne.“ Georg hat verschiedenste Taktiken ausprobiert, etwa Zeitlimits in seinem Handy eingestellt – aber solche Pop-ups kann man leicht wegklicken. Dann sah er zufällig die Werbung für eine App namens „One Sec“ und probierte sie aus. Das war in seinem Fall hilfreich: „Wenn ich Facebook öffnen will, erscheint nun zuerst ein Warte-Screen. Ich muss zehn Sekunden warten und dann muss ich entscheiden, will ich wirklich auf Facebook gehen oder doch nicht. Das ist so nervig, dass ich mir recht bald abgewöhnt habe, Facebook so oft aufzurufen.“

Natürlich: Es ist wohl auch eine Typfrage, wem so eine Software hilft. Und normalerweise gebe ich keine Empfehlungen für einzelne Apps ab, aber in diesem Fall mache ich eine Ausnahme, weil One Sec einen wissenschaftlichen Hintergrund hat. Vielleicht erinnern Sie sich: Im zweiten Kapitel habe ich den Psychologen David Grüning zitiert, der eine Studie zu Kama Muta im Wahlkampf durchführte. Grüning arbeitet nicht nur in der Forschung, sondern ist nebenbei Lead Scientist bei dieser App, war von Beginn an in ihre Entwicklung involviert. Er erzählte mir Folgendes: „Es gibt ja dieses Problem, dass Menschen über das Internet die Welt oft als polarisierter wahrnehmen, als sie wirklich ist. Denn dort hören wir vor allem die Extremen, die viel lauter sind als der Rest. Und es existieren zwei Umgangsmöglichkeiten mit diesem Problem. Die eine Möglichkeit ist, weniger Social-Media-Apps zu konsumieren. Und stattdessen offline mit Menschen zu reden und zu merken, dass Meinungen gar nicht so stark auseinanderklaffen, dass die Spaltung gar nicht so groß ist, wie man glaubt. Die andere Möglichkeit, wenn Menschen schon solche Apps nutzen wollen: dass man sie motiviert, das zielgerichteter zu tun, sich zu überlegen, weshalb sie die App nutzen wollen. Denn es gibt ja sinnvolle Einsatzmöglichkeiten von sozialen Medien: Ich kann gezielt nach kreativen Ideen fürs Kochen suchen. Auch finden Minderheiten über diese Apps oft leichter zusammen. Eine Intervention kann aber sein, dass nach 15 Minuten ein Popup fragt: ‚Machst du noch immer das, was du machen wolltest? Oder bist du weggedriftet?'" Tatsächlich bietet One Sec die Möglichkeit, dass die App zum Beispiel nach zehn oder 15 Minuten solche Fragen stellt. Die wichtigste Funktion ist aber wahrscheinlich der schon erwähnte Warte-Bildschirm: Man muss, wie von Georg geschildert, zehn Sekunden warten, ehe man zur Social-Media-App gehen kann. So eine bewusste Verzögerung wird in der Psychologie „Friktion" genannt. Menschen sollen gezielt aus ihren Routinen herausgerissen werden und in Ruhe darüber nachdenken: Will ich jetzt wirklich schon wieder Instagram, Facebook, TikTok etc. öffnen? Der springende Punkt dabei ist: Wenn Menschen bewusst darüber nachdenken, öffnen sie die Social-Media-App oft gar nicht erst. Bei Personen, die One Sec ausprobierten, sank binnen sechs Wochen die Anzahl der Zugriffe auf die jeweilige App um 57 Prozent, berichtete Grüning gemeinsam mit Kollegen in einem wissenschaftlichen Aufsatz.[88]

Natürlich ist auch so eine App kein Wundermittel. Mein Verdacht ist, dass eine solche Software eher Leute installieren, die schon ein großes Problembewusstsein haben. Aber wir sehen bei der Anwendung einen interessanten Ansatz: Man muss davon ausgehen, dass die großen Social-Media-Unternehmen viele Fachleute aus Psychologie und User Experience Design engagieren, um sicherzustellen, dass ihre Apps oft angeklickt werden. Umso sinnvoller erscheint mir deshalb, dass es Gegen-Apps gibt, die ebenfalls Ansätze aus Psychologie und User Experience Design nutzen, um zum Beispiel Menschen davon abzuhalten, zu oft Instagram und Co. zu öffnen.[89]

Erinnern Sie sich, zu Beginn des Kapitels zitierte ich Maja. Sie hat in Online-Gruppen von Verschwörungsgläubigen mitgelesen und fühlte dabei große Verzweiflung. Schließlich hat sie ihren Medienkonsum radikal überdacht, schaut ab und zu auf Facebook vorbei, nutzt Instagram, aber vorrangig für unterhaltsame Inhalte. Maja erzählte mir auch: Sie ist weiterhin politisch engagiert, aber sie sucht dafür andere Kanäle als früher. Ich telefonierte mit ihr durch Zufall kurz bevor eine große Demo gegen Rechtsextremismus in Wien stattfand. Sie berichtete, dass sie gerade etliche Freundinnen und Freunde durchtelefoniert und sich mit ihnen auf der Demo verabredet habe: „Damit möglichst viele auch hingehen." Wie wir in diesem Kapitel gesehen haben, können die Lösungen, die Menschen im Umgang mit Social Media und Medien für sich finden, ganz unterschiedlich ausfallen. Majas Lösung heißt, dass sie mehr Acht darauf gibt, wo ihre Zeit gut investiert ist.

KAPITEL 4

Was gegen Spaltung hilft

Es gab für mich einen Aha-Moment bei der Recherche für dieses Buch. Matthew Levendusky ist Politikwissenschaftler an der University of Pennsylvania und forscht zu Polarisierung. Er erzählte mir, Teil des Problems, weshalb viel Feindseligkeit existiert, sei eine verzerrte Wahrnehmung bei Menschen. Konkret hatte er dabei die USA im Sinn: „Wenn Leute, die die Demokratische Partei wählen, an jemand aus dem Republikanischen Lager denken, dann kommt ihnen nicht die Nachbarin, die Republikanerin ist, oder der Geschichtslehrer ihres Kindes in den Sinn. Sondern der Aktivist, der auf einer Trump-Rally in den Nachrichten interviewt wird. Oder der Großspender, der Nikki Haley unterstützt. Man hat sofort diese sehr extremen Beispiele vor Augen, die viel Aufmerksamkeit kriegen. Aus verschiedenen Gründen haben Massenmedien etliche Anreize, genau solche Personen herauszustellen. Man will Geschichten schreiben über politische Konflikte. Und wer ist in diese Konflikte involviert? Leute, die mit großer Leidenschaft dabei sind." Auch auf Social Media sind oft jene Personen sichtbarer, die provokative Positionen vertreten, meint Levendusky. Das sahen wir schon im vorherigen Kapitel. Bleiben wir bei dieser Beobachtung: Es kann vorkommen, dass wir Menschen aus der Fremdgruppe – die anders denken als wir – über einen Kamm scheren, bei ihnen extremere Positionen oder ein einheitlicheres Denken vermuten, als das tatsächlich der Fall ist. Wohlgemerkt: Deutschsprachige Länder sind bei Weitem nicht so gespalten wie die USA, aber auch hierzulande gibt es Themen, die äußerst polarisiert diskutiert werden. Wenn man hört, jemand ist impfskeptisch, jemand ist bei Fridays for Future, jemand fährt Lastenrad oder jemand fährt SUV, dann hat man rasch bestimmte Bilder im Kopf, vielleicht auch Klischeebilder. In solchen Fällen besteht sogar die Gefahr, dass Menschen zurückhaltend sind, in Gespräche mit Andersdenkenden zu treten, weil sie überzogene Vorstellungen davon haben, wie radikal „die anderen“ sind.

MIT MENSCHEN REDEN – UND SIE NICHT ALS KLISCHEE WAHRNEHMEN

Es kann sich lohnen, die eigenen Klischeebilder zu hinterfragen. Matthew Levendusky untersucht seit Jahren diesen großen gesellschaftlichen Graben innerhalb der USA, der Demokrat:innen und Republikaner:innen scheinbar unversöhnlich spaltet, und wie man ihn verkleinern könnte. Ein Rezept hierfür ist tatsächlich das Gespräch mit Andersdenkenden. In einem Experiment ließ er mehr als 550 Menschen miteinander diskutieren; es handelte sich um Personen aus dem Demokratischen und dem Republikanischen Lager. In einem Teil der Diskussionsrunden sollten die Teilnehmenden einen Artikel über gute Standorte in der eigenen Region lesen und dann miteinander darüber sprechen. Das war die Kontrollgruppe, die unpolitisch diskutierte. Die anderen bekamen einen Text vorgelegt, wonach es oft überraschend mehr Gemeinsamkeiten zwischen dem Republikanischen und dem Demokratischen Lager gibt, als gemeinhin angenommen wird. In dem Fall wurde politisch diskutiert und es kam zu „heterogenen Diskussionen“ zwischen Menschen mit unterschiedlicher Parteipräferenz. Jene Personen, die bewusst mit politisch Andersdenkenden

Gefühlsthermometer gegenüber anderer Partei

(0 Grad bedeutet, jemand hat sehr negative Gefühle,
100 Grad bedeutet, jemand hat sehr positive Gefühle)
Quelle: Matthew Levendusky: Our Common Bonds

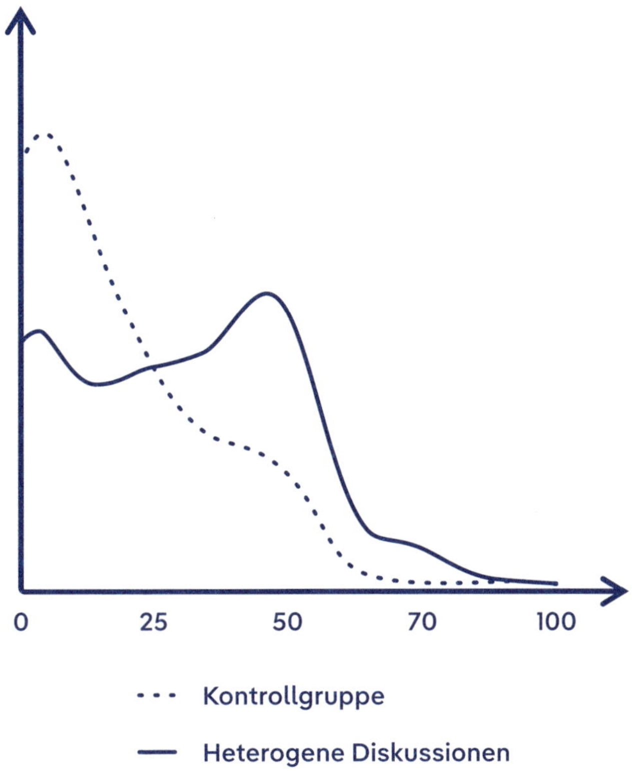

diskutierten, wiesen danach im Schnitt etwas wärmere, das heißt: positivere Gefühle über die andere Seite auf (verglichen mit der unpolitischen Kontrollgruppe). Erfasst wurde das mittels eines Gefühlsthermometers, bei welchem die Versuchspersonen ihre Gefühle über die andere Partei von ganz kalt bis ganz warm einstufen mussten. Das Gespräch mit Andersdenkenden führte dazu, dass die ganz negativen (also besonders kalten) Gefühle seltener wurden.[90]

Faszinierenderweise zeigten diese Menschen auch größere Bereitschaft, in Zukunft wieder mit Menschen aus dem anderen Lager zu diskutieren, schreibt Levendusky in seinem Buch *Our Common Bonds.*[91] Bedenken Sie, was das heißt! Das Gespräch mit anderen bewirkte, dass Leute ein stückweit ihre eigenen Gefühle zurechtrückten. „Es ist nicht so, dass Leute aus diesem Experiment kamen und sagten: Ich liebe die andere Seite, die sind großartig! Es ist eher so: Oh, okay, vielleicht sind die nicht so böse", erzählte mir Levendusky. Und selbst das ist ein Erfolg in einem Land wie den USA, in dem die gefühlte Spaltung in den vergangenen Jahrzehnten deutlich zugenommen hat.

Der wissenschaftliche Fachbegriff für dieses Phänomen lautet „affektive Polarisierung", etwas einfacher auch „gruppenbezogene Polarisierung" genannt. Es geht darum, wie groß die wahrgenommene Distanz innerhalb einer Gesellschaft ist, also, wie positiv man die eigene Seite sieht und wie negativ man die andere Seite wahrnimmt. „In Deutschland und Österreich ist die Situation anders, hier ist auch Polarisierung messbar, aber verglichen mit Ländern wie den USA ist sie unspektakulärer", sagt Markus Wagner, der als Politologe an der Universität Wien zu diesem Thema forscht. Was auffällt, sei beispielsweise, dass die Polarisierung nicht umfassend ist, sondern dass *einzelne* Themen polarisieren. In der Coronavirus-Pandemie war die Selbstsicht als geimpfte Person oder als impfkritische Person so ein Fall.[92] Auch Migration sei oftmals ein Thema, bei dem es zu diesem Gefühl der Spaltung kommt. Es lässt sich sagen, so schlimm wie in den USA ist es im deutschsprachigen Raum bei Weitem nicht. Dort stimmen drei von vier Personen – sowohl im Republikanischen als auch im Demokratischen Lager – tendenziell der Aussage zu, dass Menschen, die die andere Partei stark unterstützen, „eine klare und gegenwärtige Gefahr geworden sind für die amerikanische Lebensweise".[93] Und sieben von zehn Republikaner:innen und sechs von zehn Demokrat:innen schätzen Menschen aus dem anderen Lager eher als „unmoralischer" ein.[94] Die USA können uns also als warnendes Beispiel dafür dienen, zu welchen Problemen es führt, wenn die gefühlte Spaltung in einer Demokratie zunimmt. In einem Land, in dem so viel Misstrauen untereinander herrscht, muss es extrem schwierig sein, auch nur ansatzweise gesamtgesellschaftliche Kompromisse zu finden – aber solche Kompromisse brauchen wir, um große politische Herausforderungen meistern zu können.

Polarisierung bringt viele Probleme mit sich. Zum Beispiel ist sie ein Nährboden für Desinformation. Wenn schon viele negative Gefühle über die andere Seite vorliegen, kann man Falsches unhinterfragt verbreiten. Donald Trump tut genau das. Beispielsweise behauptet er, die Präsidentschaftswahl 2020 wäre manipuliert gewesen, der Wahlsieg wäre ihm gestohlen worden. Stichhaltige Belege kann er dafür allerdings nicht vorweisen. Trotzdem hatte und hat dieses Wiederholen von Falschdarstellungen weitreichende Konsequenzen: Am 6. Januar 2021 stürmten aufgebrachte Fans des abgewählten Präsidenten Trump den US-Kongress, zogen durch die parlamentarischen Räume und die Büros von demokratischen Abgeordneten. Mehr als 740 Personen wurden verurteilt aufgrund der Straftaten, die sie im Rahmen des Sturms auf das Kapitol verübt hatten, mehr als 460 von ihnen erhielten sogar Gefängnisstrafen.[95] Doch Trump hat während seiner Kampagne für die Präsidentschaftswahl 2024 die inhaftierten Straftäter:innen, von denen viele wohl seine Erzählung vom gestohlenen Wahlsieg glauben, als „unglaubliche Patrioten“ bezeichnet und als „Geiseln“, die einen Straferlass erhalten sollten.[96]

Bemerkenswert ist, dass sich selbst in diesem Land, in dem so deutlich ein Gefühl der Spaltung vorliegt, Verbindendes finden lässt. Mittlerweile stellt es ein riesiges Forschungsgebiet dar, wie man die Polarisierung in den USA verringern könnte. Eine beeindruckende neue Arbeit dazu koordinierte der Soziologe Jan G. Voelkel; er stammt ursprünglich aus Deutschland und promoviert an der Universität Stanford. Gemeinsam mit vielen Forschenden (darunter auch Matthew Levendusky) führte er eine sogenannte Megastudie durch. Sie befragten mehr als 32.000 Personen online und werteten ihre Reaktionen aus. „Wir haben aus einem breiten Pool an Vorschlägen insgesamt 25 Interventionen getestet“, erzählte mir Voelkel. Als „Intervention“ verstehen Forschende Maßnahmen, deren Wirksamkeit sie untersuchen. Voelkel und dieses Forschungsteam wollten wissen, welche Ansätze Polarisierung oder auch antidemokratische Einstellungen verringern können. Das Folgende klingt sicher kurios: Von allen getesteten Ansätzen funktionierte ausgerechnet eine Werbung des Bierherstellers Heineken am besten.

Der Werbespot zeigt drei Paare, die jeweils eine Aufgabe zu meistern haben: gemeinsam eine Bar zusammenbauen. Vor Beginn der Aufgabe bringen die gefilmten Personen ein für sie wichtiges Statement vor, die Zuschauer:innen des Werbespots erfahren, dass hier jeweils zwei Menschen, die widersprüchliche Ansichten haben, miteinander eine Bar aufbauen müssen. Die beiden Personen, die je ein Paar bilden, wissen all das nicht, sie begegnen sich beim Aufbau der Bar zum ersten Mal. Während des Vorhabens kommen sie ins Gespräch, lernen sich langsam kennen. Erst als sie ihr gemeinsames Ziel erreicht haben, die Bar fertig ist, sehen sie die erwähnten Videoaufnahmen ihres Gegenübers, mit dem sie die Bar aufgebaut haben. Sie sehen, die andere Person hat ganz unterschiedliche Ansichten als sie selbst. In einem Fall arbeitete eine Frau, die trans ist, mit jemandem zusammen, der vor dieser Erfahrung über Personen, die trans sind, geschimpft hatte: Das sei „nicht richtig“, „du bist entweder ein Mann, dann sei ein Mann, oder du bist eine Frau, sei eine Frau“. Nachdem sie mit diesen Einstellungen konfrontiert wurden, stehen die Teilnehmenden vor der Wahl, ob sie lieber gehen oder noch gemeinsam ein Bier trinken und darüber reden möchten. Alle drei Paare bleiben und reden weiter miteinander. Zum Beispiel sagt der Mann, der so negativ über Menschen, die trans sind, gesprochen hatte: „Ich bin so erzogen worden, dass alles entweder schwarz oder weiß ist. Aber das Leben ist nicht schwarz oder weiß.“[97] [98]

Etliche Interventionen, die Voelkel und seine Kolleg:innen testeten, hatten positive Effekte. Wobei es Ansätze gab, die die Polarisierung verringern konnten, und wiederum andere Ansätze, die antidemokratische Einstellungen reduzierten. „Keine Intervention ist die Lösung für alles. Das Heineken-Video jedenfalls reduzierte die Polarisierung am stärksten. Wir haben bei den Versuchspersonen die Feindseligkeit auf einer Skala von null bis hundert Punkte gemessen: Bei jenen, die das Video sahen, sank die Feindseligkeit gegenüber dem anderen politischen Lager um mehr als zehn Punkte. Das ist ein hoher Wert“, erklärt Voelkel. Auch nach zwei Wochen war der Effekt zwar deutlich gesunken, aber noch messbar.

Voelkel jedenfalls meint, dass solche Beobachtungen der Forschung eine Relevanz für den eigenen Alltag haben können: „Jene Interventionen, die im großen Stil in der wissenschaftlichen Untersuchung erfolgreich sind, können am ehesten auch im Alltag helfen.“ So könne es sein, dass Menschen jemanden im Bekanntenkreis haben, der oder die ihnen wichtig ist, sie aber zu dieser Person in einer schwierigen Beziehung stehen. Sinnvoll erscheint Voelkel, keine Stereotype über die andere Seite zu vermuten, solange diese nicht bestätigt werden: „Denn es ist tragisch, wenn ich von vornherein ein falsches Stereotyp annehme und dann meine Beziehung daran zerbricht.“

Man muss immer vorsichtig sein: Solche Ansätze aus der Wissenschaft sind kein Wundermittel – selbst die einfühlsamste, eloquenteste, in solchen Ansätzen geschulte Person kann keine Menschen erreichen, die nicht auf andere argumentativ zugehen wollen oder die in einem Weltbild voller Feindbilder festgefahren sind. Aber, und darauf zielen diese Techniken ab, es ist in manchen Fällen möglich, eine gefühlt angespannte Situation ein Stück weit zu entschärfen, wieder den Blick auf Gemeinsamkeiten zu richten, wo diese vielleicht zu oft vergessen wurden.

AN IDENTITÄTEN ERINNERN, DIE UNS VERBINDEN

Das Betonen von Gemeinsamkeiten stellt auch einen nützlichen Zugang dar. Die Idee ist, eine gemeinsame Identität gedanklich hervorzustreichen und damit positive Reaktionen zu befördern. Ich habe dieses Thema schon in Kapitel 1 angerissen, vielleicht erinnern Sie sich: Hier wurde die Gruppenzugehörigkeit als Fußballfan aktiviert, um die Chance zu erhöhen, dass die Studienteilnehmer einer verletzten Person halfen.

Im politischen Spektrum gibt es ebenfalls den Ansatz, gemeinsame Identitäten ausfindig zu machen und zu unterstreichen. Der Politologe Matthew Levendusky hat nicht nur Testpersonen für parteiübergreifende Diskussionen zusammengebracht. Er untersuchte auch, ob die Polarisierung sinkt, wenn US-Amerikanerinnen und US-Amerikaner sowohl im linken als auch rechten Spektrum an ihren Nationalstolz erinnert werden. Tatsächlich funktionierte dieses Aktivieren der übergeordneten Gruppenidentität im Jahr 2015 gut: Es stellten sich etwas positivere Gefühle gegenüber der anderen Gruppe ein. Und jetzt die schlechte Nachricht: Fünf Jahre später, 2020, überprüfte Levendusky diesen Zugang erneut – das Ergebnis war ernüchternd. Was war passiert? Donald Trump. Levendusky schreibt über den damaligen US-Präsidenten: „Er war ein Spalter, kein Verbinder." 2020 war das Jahr, in dem sich Trump im Wahlkampf befand und dort etliche Falschmeldungen verbreitete. Es war überdies das Jahr, in dem der Afroamerikaner George Floyd aufgrund von Polizeibrutalität starb. Patriotische Gefühle waren nun politisch wesentlich aufgeladener, zum Beispiel hatte Trump einen Patriotismus propagiert, der sich vorrangig an die weiße, konservative Bevölkerung richtete – Trumps Amerika war ein Amerika, das nicht mehr alle gleich ansprach, manche sogar entfremdete. Befragte aus dem Demokratischen Lager und People of Color hatten nun eine andere Wahrnehmung US-amerikanischer Identität: Sie schien ihnen politisierter, trug einen negativeren Beigeschmack.

Ich halte das für ein brisantes Ergebnis: Denn es deutet für mich darauf hin, dass Gemeinsamkeiten auch kaputt gemacht werden können. Eine spaltende Führungsfigur wie der damalige US-Präsident Trump kann ein dermaßen feindseliges Klima erzeugen, dass selbst eine Gruppenidentität, die einst das Gefühl von Gemeinschaft herstellte, nun eher Ausdruck der Spaltung ist.[99] Auch deshalb sollten wir auf die USA blicken, um zu sehen, wie Spaltung in der Praxis vorangetrieben wird – und noch achtsamer zu werden, wenn ebenso hierzulande eine spaltende und vorwurfsvolle Rhetorik, ähnlich wie sie Trump ausübt, auffällt.

Das führt mich zu einem wichtigen Punkt: Es geht nicht nur darum, *dass* man als Gesellschaft weiterhin miteinander redet. Die Frage ist zusätzlich, *wie* man miteinander redet. Führen wir wirkliche Gespräche auf Augenhöhe miteinander? Oder ähneln einige politische Gespräche – sei es in medialen Formaten oder im persönlichen Umfeld – eher einer Konfrontation oder gar einem Zweikampf? Dazu gibt es einen interessanten Ansatz in den Sozialwissenschaften. Der Psychologe Gordon Allport hat schon 1954 die „Kontakthypothese" formuliert: Er vertrat die Ansicht, dass Kontakt „eine Voraussetzung für Wandel" darstellt.[100] Demnach kann der Austausch zwischen Gruppen zum Abbau von Vorurteilen führen. Dafür müssen aber konkrete Gesprächskriterien erfüllt sein. Am effektivsten sind solche Kontakte laut der Hypothese, wenn die Teilnehmenden sich 1.) als gleichrangig erleben, 2.) ein gemeinsames Ziel verfolgen, 3.) kooperieren und 4.) nach Möglichkeit auch von der jeweiligen Community gebilligt werden, in welcher dieser Austausch stattfindet.[101]

Einige Ansätze, die ich hier beschrieben habe, passen gut zur Kontakthypothese. Denken Sie an den Heineken-Werbespot: Die teilnehmenden Personen waren in den Zweierteams stets gleichrangig, sie hatten ein gemeinsames Ziel (sie mussten die Bar zusammenbauen), es kam zu Kooperation und dieser Austausch war dezidiert gewünscht, weil das Ziel ja war, dass Menschen ins Gespräch kommen. Im Umkehrschluss kann die Kontakthypothese gut erklären, wieso manch eine Online-Debatte nicht zur Annäherung beiträgt: Vielfach fehlt hier ein gemeinsames, verbindendes Ziel, denn es ist natürlich gerade kein verbindendes Ziel, wenn jede und jeder versucht, der anderen Seite zu erklären, wie falsch sie liegt. Stattdessen brauchen wir Diskussionsräume, in denen der Austausch ein respektvolles Gespräch unter Gleichrangigen ist, selbst wenn man unterschiedlicher, vielleicht sogar gegensätzlicher Meinung ist. In Social-Media-

Kommentaren passiert hingegen oft, dass die Gleichrangigkeit aller Personen infrage gestellt wird, zum Beispiel, wenn Leute von vornherein etwas Sexistisches oder Rassistisches posten, das ihr Gegenüber als angeblich geringwertiger markiert.

UNIVERSALE MORALISCHE ACHTUNG

Gerade in einer Zeit, in der extreme, besonders rechtsextreme Ideen gekonnt in die öffentliche Debatte eingestreut werden, ist letzterer Punkt sehr wichtig. Eine pluralistische, demokratisch geprägte Debatte kann nicht stattfinden, wenn manche Argumente dezidiert auf der Überzeugung aufbauen, dass ein Teil der Menschen weniger wert ist. Oder wie es der homosexuelle, afroamerikanische Autor Robert Jones, Jr., formulierte: „Wir können anderer Meinung sein und uns trotzdem gegenseitig lieben, es sei denn, deine andere Sichtweise basiert auf der Unterdrückung von mir und auf dem Abstreiten meiner Menschlichkeit und meinem Recht zu leben."[102]

Darüber habe ich ebenfalls mit dem Politikwissenschaftler Matthew Levendusky gesprochen. Er bringt in diesem Zusammenhang den Begriff der „Civility" ins Spiel, der im Deutschen oft mit als Anstand oder Höflichkeit übersetzt wird. „Es gibt einen Unterschied zwischen Civility und Höflichkeit", meint Levendusky aber, denn Civility bedeute, dass man Menschen im Grunde als politisch Gleichberechtigte behandelt. Vielleicht trifft also zivilisierter Umgang miteinander besser die Bedeutung. Dieser Zugang könne einem helfen, die Grenzen eines fairen Diskurses zu verteidigen, so Levendusky: „Ich denke, dass wir Diskurse dann tolerieren sollten, selbst wenn sie sich unangenehm anfühlen, wenn alle darin als gleichwertig behandelt werden. Aber sobald Aussagen gemacht werden, die zum Beispiel rassistisch, transphob, sexistisch und so weiter sind, hat man die Grenzen der Civility überschritten. Denn man drückt damit die Meinung aus, dass manche kein Recht haben, im politischen Raum zu sein."

Seine Empfehlung ist, in solchen Fällen den Personen die Chance zu geben, zurückzurudern. Gibt man klar zu verstehen, dass eine Aussage die genannte Grenze überschritten hat, kann es durchaus sein, dass Leute einsehen, jetzt zu weit gegangen zu sein. Wenn diese Einsicht fehlt, wenn jemand weiter so wie bisher auftritt, gebe es Anlass zu sagen: „Okay, das ist vielleicht ein Szenario, in dem konstruktiver Dialog nicht hilfreich ist."

Empfehlung

Meine eigene Erfahrung deckt sich mit diesen Eindrücken. Es ist sowohl in Offline- als auch Online-Diskussionen sinnvoll, Menschen respektvoll an die gewünschten Umgangsformen zu erinnern. Einzelne mögen sich davon nicht beeindrucken lassen, aber es kann durchaus passieren, dass manche Leute nach der Erinnerung wieder zurückrudern, oder dass ein Hinweis im Vorfeld sie ein Stück weit in der Deftigkeit ihrer Wortwahl einbremst. Dazu passt auch jene Studie aus Kapitel 3, die eine Online-Diskussionsgruppe beobachtete. Hier hatte der Hinweis auf Normen (also: welche Form von Rede dezidiert nicht erwünscht ist und wo eingeschritten wird) einen positiven Effekt, die Kommentare von Neuankömmlingen mussten seltener gelöscht werden.

Deshalb an dieser Stelle mein Tipp: Will man verrohte Sprache etwas zurückdrängen, empfiehlt es sich, aktiv einzuschreiten, wenn diese fällt. Und ebenso wichtig: auch prophylaktisch Menschen daran zu erinnern, welches Mindestmaß an Civility von allen erwünscht wird.

Die Philosophin Seyla Benhabib, die der Denkschule von Jürgen Habermas entstammt und diese feministisch anreicherte, hat dafür einen sehr schönen Begriff gefunden. Sie spricht vom Grundsatz „universaler moralischer Achtung", die als Voraussetzung gegeben sein muss für einen deliberativen demokratischen Austausch – das ist ein Austausch, in dem das stärkste Argument die Chance hat, sich durchzusetzen.[103]

Wenn dagegen Menschen basierend auf ihrer Herkunft, ihrer Hautfarbe, ihres Geschlechts, ihrer sexuellen Orientierung und so weiter abgewertet werden, verlassen wir diesen Grundsatz und bewegen uns im Bereich der Hate Speech.[104] Menschen wird die universale moralische Achtung verweigert, weil sie historisch-marginalisierten Gruppen angehören.

Natürlich kann es auch Leuten, die keinen marginalisierten Gruppen angehören, passieren, dass unfaire Beleidigungen an sie gerichtet werden. Auch hier besteht die Sorge, dass solche Formen der Unfreundlichkeit – bei denen man beispielsweise Andersdenkende als „Idioten" abstempelt – zu einer Polarisierung und zu einer Verhärtung bestehender Fronten führen.[105] In manchen Kontexten, nicht in allen, beobachteten Studien einen solchen „Nasty Effect", das heißt, beleidigende Kommentare vergrößerten bestehende Gräben.[106] Im nächsten Kapitel gehe ich auf die Beleidigung als gezieltes politisches Instrument der Eskalation ein – und auf die Frage, wie man darauf reagieren kann. Aber lassen Sie mich eine naheliegende Schlussfolgerung schon an dieser Stelle machen: Wenn wir gegen ein Gefühl der Spaltung auftreten wollen, braucht es Diskussionsräume, die ohne Beleidigung auskommen. Und das Problem ist, dass nicht nur in Online-Diskussionen, sondern auch in manch einer politischen Äußerung offline Beleidigendes ausgetauscht wird.

KAPITEL 5

Rhetorik als Waffe und Reaktionsmöglichkeiten

Eines fasziniert mich seit Jahren: wie erfolgreich beleidigende Sprache in vielen Fällen ist. An sich gibt es die gesellschaftliche Norm, dass es nicht in Ordnung ist, aggressiv gegenüber anderen Menschen aufzutreten. Kinder lernen schon von klein auf, dass sie andere nicht beleidigen sollen. Aber in der politischen Praxis kann es geradezu vorteilhaft sein, sich in der öffentlichen Debatte möglichst rüpelhaft aufzuführen. Speziell bei rechtspopulistischen bis rechtsextremen Parteien ist eine zentrale Doppelstrategie ihrer Rhetorik, dass sie sich selbst einerseits gerne als Opfer der anderen politischen Lager darstellen, andererseits selbst hart austeilen und anderen Parteien niedere Motive vorwerfen. AfD-Chefin Alice Weidel unterstellt zum Beispiel der deutschen Bundesregierung, bestehend aus SPD, Grünen und FDP, Deutschland zu „hassen". Sie wendet auch ein typisch populistisches Diskussionsmuster an: hämische Spitznamen. So nennt sie den Gesundheitsminister Karl Lauterbach (SPD) in einer Rede etwa „Karlchen Chaos".[107] Ein noch deftigeres Beispiel stammt aus Österreich: Herbert Kickl, Chef der FPÖ, nennt den Bundespräsidenten Alexander Van der Bellen eine „Mumie in der Hofburg", die sich „seit Jahren im Wachkoma" befände.[108] Er spricht von „roten und schwarzen Polit-Maden", dabei sind Ungeziefervergleiche – gerade auch aus dem deutschsprachigen historischen Kontext – besonders üble Beleidigungen.[109] Und vielleicht erinnern Sie sich an die Rede von Kickl, die ich bereits in Kapitel 1 zitiert habe, in der er behauptet, seine Partei hätte in allen politischen Belangen recht und von einer „Fahndungsliste" sprach. In dieser Rede hat Kickl den grünen Parteichef Werner Kogler zum Beispiel auch als

„zernudelt“ bezeichnet, im Hochdeutschen könnte man das als „zerknautscht“ oder als „derangiert“ beschreiben. Hier macht Kickl jemanden lächerlich, indem er über sein Äußerliches herzieht. Ebenso hat er die Führungsriege aller anderen österreichischen Parlamentsparteien namentlich genannt (Werner Kogler, Karl Nehammer, Andreas Babler, Beate Meinl-Reisinger) und hämisch bemerkt: „Das ist kein Zukunftsmodell, liebe Freunde, für Österreich, das ist vielleicht so etwas Ähnliches wie ein Swinger-Club der Machtlüsternen.“[110]

BELEIDIGEN UND DROHEN ALS TAKTISCHES INSTRUMENT

So ein Umgangston sollte nichts in der politischen Debatte verloren haben. Natürlich: Man muss in solchen Fällen von einer gezielten Provokation ausgehen, also dass Kickl höhnische oder beleidigende Kommentare liefert, weil das empörte Reaktionen und somit Aufmerksamkeit in Medien und Social Media bringt. Ein zweiter Aspekt erscheint mir hier aber ebenso interessant: Wieso funktionieren solche unfreundlichen Aussagen bei den eigenen Fans? Warum kommen manche Politikerinnen und Politiker mit besonders beleidigenden Aussagen durch, werden vielleicht sogar für manch eine derbe Aussage innerhalb ihrer Community gefeiert?

Darauf gibt es Antworten. Die Kommunikationswissenschaftlerin Jennifer Mercieca kennt sich mit brachialer Rhetorik aus. Sie hat Reden von Donald Trump analysiert und ein Buch mit dem Titel *Demagogue for President* verfasst, in dem sie einige seiner wiederkehrenden rhetorischen Taktiken analysiert. Ein Beispiel: Trump nutzt häufig die unfaire Methode des „argumentum ad hominem". Das heißt, statt inhaltlich in einer Sachfrage zu antworten, wechselt man die Ebene und attackiert den vermeintlichen Charakter bzw. die Glaubwürdigkeit einer Person. So hat Trump einmal bei einer Wahlkampfveranstaltung einen Reporter mit körperlicher Behinderung nachgeäfft. Trump tat so, als hätte er eine Fehlstellung der Hände, zuckte herum und sagte zu seinem Publikum: „Der arme Kerl, ihr solltet den Typen sehen: ‚aaaah, ich weiß nicht, was ich sagte, aaah, ich erinnere mich nicht.'"[111] Ein Teil seiner Fans lachte daraufhin. Der Politiker zog hier nicht nur eine Person, sondern auch ein ernstes Thema ins Lächerliche. Ausgangspunkt für Trumps Darbietung war, dass er einen Artikel des Journalisten Serge Kovaleski zitiert, aber in diesem Kontext falsche Behauptungen verbreitet hatte. Als Kovaleski darauf hinwies, wurde Trump persönlich. Kovaleski, der mittlerweile bei der *New York Times* arbeitet, hat eine angeborene Gelenksteife, seine rechte Hand befindet sich in einer Fehlstellung. Trump tat auf der Bühne nicht nur so, als hätte er ebenfalls eine solche Behinderung, sondern als wäre Kovaleski nicht in der Lage, selbst zu wissen, was er geschrieben hat. Trump blieb also nicht beim bloßen Nachäffen einer Behinderung – was schon schlimm genug wäre –, er hat den Journalisten auch in einer Weise vorgeführt, die dessen Glaubwürdigkeit anzweifeln sollte.

Das ist bei Weitem nicht der einzige Vorfall, bei dem Trump verletzend auftrat. Joe Biden, dem er dann im Präsidentschaftswahlkampf 2020 unterlag, beschimpfte er unter anderem als „korrupt“, „verschlafen“, „ahnungslos“, „nicht sehr intelligent“, „ein weiteres Individuum mit niedrigem IQ“. Das ist nur ein winziger Auszug aus einer Liste der *New York Times*. Sie hat sämtliche Beleidigungen gesammelt, die Trump allein per Twitter von sich gab.[112]

Ich habe die Rhetorik-Expertin Jennifer Mercieca gefragt: Warum funktionieren solche Ad-hominem-Argumente für Trump – wieso ist das für ihn eine effektive Taktik? Mercieca sagte: „Er versucht nicht die Person zu überzeugen, die er attackiert. Sondern er performt für ein Publikum. Und für ihn ist das sehr wirkungsvoll. Denn indem er diesen Personen ihre Glaubwürdigkeit abspricht, indem er ihnen die Fähigkeit abspricht, ein Argument einbringen zu können, schiebt er die Aufmerksamkeit weg vom Argument an sich oder von dem Thema, um das es gerade geht, hin zur Person und deren Glaubwürdigkeit. Er muss dafür nicht einmal selbst ein Argument, er muss niemals einen Beweis erbringen. Alles, was er tun muss, ist dieses ‚Wir gegen die‘ zu verfestigen, dann haben die Betroffenen keine Glaubwürdigkeit mehr. Sie werden nicht einmal wie, wissen Sie, wie anständige Menschen behandelt, die es verdient hätten, dass man auf ihre Sorgen eingeht.“

Ich halte das für eine wichtige Beobachtung. Rüpelhaftes Verhalten mag plump und derb erscheinen – nur verfolgt jemand wie Donald Trump in der Politik damit wahrscheinlich einen Zweck. Oft mit Erfolg. Es wäre wichtig, dass Medien in ihrer Berichterstattung solche Mechanismen immer wieder aufzeigen und erklären. Provokative oder beleidigende Aussagen von Politiker:innen sollten nicht einfach nur zitiert werden, weil man sie (zu Recht) für Tabubrüche hält. Sondern es lohnt sich, darüber hinaus herauszuarbeiten, ob eine Beleidigung potenziell taktisch eingesetzt wird. Zum Beispiel lenken rhetorische Entgleisungen häufig von Sachfragen ab, darauf lässt sich journalistisch hinweisen und inspizieren, *warum* gerade *diese* Sachfrage für den Redner oder die Rednerin ein unerwünschtes Thema darstellt. In einer Zeit, in der mittels verrohter politischer Rhetorik wutentbrannte Debatten gesetzt oder auch von unerwünschten Themen abgelenkt wird, erscheint es mir sinnvoll, derartige Methoden wiederholt einzuordnen und damit ein Stück weit diesen Erzählungen etwas entgegenzusetzen. Nach dem Motto: Ihr wollt, dass wir uns jetzt alle aufregen, aber wir verstehen schon, welches abgekartete Spiel ihr hier spielt.

Jennifer Mercieca spricht mit Blick auf Donald Trump von einer „weaponized rhetoric", also von Rhetorik als Waffe.[113] Sie meint damit den „Einsatz von Rhetorik als eine Art von Zwang und als strategisches Instrument, Zustimmung zu erzeugen".[114] Beispielsweise setzt Trump oft ein „argumentum ad baculum" ein, wörtlich: Argument mit dem Stock. Das bedeutet, dass Einschüchterungstaktiken und die Heraufbeschwörung von Bedrohungen als rhetorischer Kniff dienen. Als Trump etwa 2016 gegen Hillary Clinton zur Wahl antrat, drohte er seinen Fans damit, dass die Demokratin angeblich den Plan verfolgen würde, das weitreichende Recht auf Waffenbesitz abzuschaffen, welches im zweiten Zusatzartikel zur Verfassung der USA festgeschrieben ist, dem sogenannten Second Amendment. Er sagte: „Hillary Clinton möchte den zweiten Zusatzartikel abschaffen, im Grunde abschaffen (...) Übrigens: Wenn sie ihre Richter aussuchen kann, könnt ihr nichts machen, Leute. Obwohl … die Second-Amendment-Leute, vielleicht gibt es da … ich weiß nicht." Diese Äußerung hat prompt viele vor den Kopf gestoßen: Denn Trump stellt in den Raum, dass die Waffenlobby oder überzeugte Waffenbesitzer:innen gegen Clinton vorgehen könnten, falls sie die Wahl gewinnt. Das als bedrohliche Anspielung zu verstehen, scheint mir durchaus nachvollziehbar.[115]

In gleich mehrerlei Hinsicht wird hier mit bedrohlich klingenden Szenarien gearbeitet: Innerhalb des Republikanischen Publikums wird die Angst ausgelöst, ihnen könnten die Waffen abgenommen werden. Im Lager der Demokratischen Partei wiederum wird die Sorge vor Gewalt geweckt. Mercieca schreibt dazu: „Trump nutzte Ad-baculum-Drohungen als Angstappelle in zwei Richtungen: Er verwendete Drohungen gegen seine Anhänger:innen, um sie aus Angst dazu zu bringen, für ihn zu stimmen, und er setzte Drohungen gegen Clinton ein, um seine Anhänger:innen zu mobilisieren, für ihn zu stimmen, um sie zu bestrafen."[116] Jennifer Mercieca meint, dass gefährliche demagogische Führungsfiguren potenziell dadurch erfolgreich sein können, „dass sie an die ‚Leidenschaften und Vorurteile' ihrer Anhänger:innen appellieren (…)".[117] Einen Eindruck möchte ich an dieser Stelle ergänzen: Oft kommt es mir vor, dass der Einsatz einer verrohten Sprache, die manche Politikerinnen und Politiker wiederholt an den Tag legen, auch darauf abzielen kann, eine Art verrohtes Denken bei den eigenen Fans zu verfestigen.

Ich möchte hier noch einmal an Kapitel 1 erinnern. Dort ging es ja darum, dass Gruppengefühle mächtig sind. Man fühlt Zugehörigkeit, weil man die gleiche Partei wählt, weil man das gleiche Fußballteam mag, weil man im selben

Lift stecken geblieben ist. Es ist nicht so, dass Menschen Fremdgruppen (also die anderen) automatisch ablehnen oder hassen. „Aber es ist unglaublich leicht, Abneigung gegenüber der Fremdgruppe zu erzeugen. Es ist so leicht, wie das Gefühl zu erzeugen, dass die eigene Gruppe durch eine andere Gruppe bedroht wird. Diese Bedrohungen können Ressourcen betreffen, etwa im Sinn von: die wollen uns etwas wegnehmen. Oder sie sind eher symbolisch, etwa eine Bedrohung des eigenen Status", sagt der Psychologe Dominic Packer von der Lehigh University. Er ist einer der Autoren des lesenswerten, bereits erwähnten Buchs *The Power of Us,* in dem es um die Macht der Gruppenzugehörigkeit geht. „Ich glaube, dass populistische Führungspersonen viel Zeit damit verbringen, zu versuchen, dieses Gefühl der Bedrohung herzustellen. Etwa dass Migrant:innen unsere Identität verändern oder uns unsere Jobs wegnehmen würden", meint Packer. Wir sprachen nicht nur darüber, wie leicht es ist, Feindseligkeit gegenüber Fremdgruppen zu wecken und ein „Wir gegen die"-Gefühl herzustellen, sondern auch darüber, wie wirklichkeitsfremd diese populistischen Darstellungen vielfach sind – zumindest bei nüchterner Betrachtung. „Das Problem ist, dass diese Bedrohungen normalerweise übertrieben werden oder nicht real sind."

So auch in der erwähnten Trump-Rede: Wiederholt erweckte Trump den Eindruck, seine Fans müssten beunruhigt sein, weil Hillary Clinton den zweiten Verfassungszusatz abschaffen wolle. Nur: Das ist eine falsche Behauptung, die Trump sich einfach ausgedacht hat. Tatsächlich ist Clinton für einzelne strengere Waffengesetze – aber sie hat nie gesagt, dass sie den Verfassungszusatz ändern oder gar abschaffen möchte.[118] Somit hat Trump hier auch mit einem Strohmann-Argument gearbeitet. Das bedeutet, man geht nicht auf die tatsächliche Argumentation der Gegenseite ein, sondern unterstellt ihr eine Position, die diese zwar nicht geäußert hat, die aber leichter widerlegbar oder kritisierbar ist. Anstatt sich mit den konkreten Vorschlägen von Hillary Clinton zu beschäftigen, wirft er ihr fälschlicherweise eine Radikalposition vor, die bei seinen Fans total unbeliebt wäre.[119] Ein Tipp ist daher, die Faktenlage mit der suggerierten Bedrohung zu vergleichen – und zu überprüfen, ob hier beispielsweise zugespitzt oder der typische Kniff des Strohmann-Arguments angewandt wurde.

Die Errichtung von Drohkulissen geht oft Hand in Hand mit dem Vorwurf, das andere politische Lager wäre verantwortlich für die angebliche Bedrohung oder den angeblichen Missstand. Schauen wir uns zwei Beispiele an, eines aus Deutschland, das andere aus Österreich:

Alice Weidel, Fraktionsvorsitzende der AfD, erklärt im Deutschen Bundestag: „Es brennt in Deutschland. Und diese Regierung (...) ist der Brandstifter."[120]

FPÖ-Chef Herbert Kickl teilt auf Facebook ein Video seines Generalsekretärs Michael Schnedlitz, welcher erzählt: „Zwölfjährige Mädchen werden vergewaltigt, Mädchen werden ermordet und: Die ÖVP schützt Vergewaltiger und Mörder."[121]

In beiden Fällen werden Ängste genährt und schwerwiegende Vorwürfe eingebracht. Die Aussage von Alice Weidel ist meines Erachtens ein interessantes Beispiel für populistische Meinungsmache: Man kann diese Aussage kaum wortwörtlich verstehen, denn es brennt ja nicht wirklich in

Deutschland. Vielmehr wird in den Raum gestellt, dass man sich Sorgen machen müsse, so als würde es brennen, und angeblich wäre die deutsche Bundesregierung schuld. Etwas konkreter ist der Vorwurf aus Österreich: Herbert Kickl hat das Video seines Parteifreundes auf Facebook geteilt und dazu selbst noch einmal den Satz geschrieben: „Brisant: ÖVP schützt Vergewaltiger und Mörder." Was war in diesem Fall passiert? Die FPÖ hatte einen Antrag auf Gesetzesänderung im österreichischen Parlament, dem Nationalrat, eingebracht. Nachdem es zu erschütternden Sexualstraftaten gekommen war, wollte die Partei das Alter der Strafmündigkeit herabsetzen. In Österreich ist es so, ähnlich wie in vielen anderen Ländern der EU, dass Kinder nicht strafrechtlich verurteilt werden. Erst Jugendliche ab 14 Jahren sind strafmündig und können für eine Straftat angeklagt werden. Die anderen Parteien stimmten dem Antrag der FPÖ nicht zu. Das ist – nüchtern betrachtet – „Business as usual" im Parlament: Häufig gehen Parteien bei den Vorschlägen anderer Parteien nicht mit. Auch ist die Idee an sich ist ein Streitthema, zum Beispiel empfiehlt der UN-Ausschuss für die Rechte des Kindes, dass erst Jugendliche ab 14 Jahren strafmündig sein sollen.[122] In diesem Fall einer anderen Partei zu unterstellen, sie würde „Vergewaltiger und Mörder" schützen, geht über „Business as usual" hinaus und ist meines Erachtens ein unfairer Vorwurf. Nach dieser Logik müssten alle Parteien immer alle strafrechtlichen Vorschläge der FPÖ absegnen, um nicht diskreditiert werden zu können.

Wohlgemerkt: Ich plädiere für eine allgemeine rhetorische Abrüstung in der politischen Debatte. Bei etlichen Themen wird rasch zu Beleidigungen gegriffen. Zum Beispiel kam in der Corona-Pandemie das Wort „Covidiot“ auf, gebildet aus „Covid“ und „Idiot“. So wurden Menschen bezeichnet, die die Ernsthaftigkeit oder sogar die Existenz des Coronavirus anzweifelten oder Corona-Demos besuchten. Ich selbst war als Journalistin auf einigen Corona-Demos und habe viele kritikwürdige Vorfälle beschrieben, von rechtsextremen Kadern, die dort an vorderster Front mitmarschierten, über medizinische Falschmeldungen, die Leute in Interviews wiedergaben, bis hin zu politischen Gewaltfantasien, die auf Transparente gemalt waren (etwa in Form eines Galgens). Solche konkreten Vorfälle sollte man beschreiben und auch kritisieren. Aber das Wort „Covidiot“ beinhaltet eine Beleidigung und es bringt keinen Mehrwert für die Diskussion. Im Gegenteil trägt es eher zu einer Polarisierung bei, was den sachlichen Austausch von Argumenten und damit eine argumentative Verständigung noch schwieriger macht, als sie ohnehin bereits ist.

Es erscheint mir wichtig, festzuhalten, dass es Vorfälle in allen politischen Lagern gibt, bei denen jemand zum Mittel der persönlichen Beleidigung greift. Etwa wenn eine liberale Politikerin in einer Karnevalsrede Friedrich Merz als „Flugzwerg aus dem Mittelstand“ bezeichnet. Hämische Zuschreibungen dieser Art werden zu Recht kritisiert.[123] Oder ein anderes Beispiel: Häufig wird auch Donald Trump verspottet, etwa, weil er angeblich kleine Hände habe. Solche Witzeleien über das Äußere sind immer ungerecht. Gewiss: Jede und jeder (auch ich) hat schon mal einen unangebrachten Witz gemacht oder darüber gelacht. Aber wenn einen das verrohte Diskussionsklima vielerorts irritiert, lohnt es sich, ebenfalls über die eigenen Möglichkeiten der rhetorischen Abrüstung nachzudenken. Gerade wenn man politischen Provokateurinnen und Provokateuren keinen Gefallen tun will, empfiehlt es sich, sich nicht auf ihre kommunikative Ebene zu begeben.

Apropos kommunikative Ebene: Ihnen wird vielleicht aufgefallen sein, dass ich in diesem Kapitel viele Äußerungen speziell aus dem rechtspopulistischen Lager zitierte. Kein Zufall. Die „Wir gegen die"-Rhetorik von Populistinnen und Populisten geht auffällig oft einher mit einer derben Sprache. Es ist sogar so, dass die Politologen Benjamin Moffitt und Simon Tormey „schlechte Manieren" als eines der Wesensmerkmale eines populistischen Stils verstehen.[124]

WIE AGGRESSIVE SPRACHE DIE ESKALATION ANTREIBT

Das tiefergehende Problem ist: Wenn Eliten – sei es aus Politik oder Medien – eine sehr zugespitzte, durchaus Wut weckende Sprache benutzen, dann muss man damit rechnen, dass ein Teil ihrer Fans umso gereizter oder geradezu aggressiv reagiert. Nehmen wir noch einmal das Extrembeispiel Donald Trump. Schon mehrfach kam es vor, dass seine Fans gewaltvoll oder bedrohlich auftraten und danach auf ihn oder seine Ausführungen verwiesen. Der prominenteste Fall war sicher der schon erwähnte Sturm auf das Kapitol am 6. Januar 2021. Es gibt auch andere, weniger bekannte Vorfälle. Im US-Bundestaat Washington befragte die Polizei einen Mann, der gedroht hatte, eine ursprünglich aus Syrien stammende Person umzubringen. Der Befragte gab gegenüber der Polizei an, dass er wolle, dass das Opfer sein „Land verlässt“ und ergänzte: „Deshalb mag ich Trump.“ In Kansas standen drei Männer vor Gericht, denen der Plan vorgeworfen wurde, in einem Wohnkomplex, in dem viele muslimische Menschen leben, eine Bombe zünden zu wollen. Ihre Verteidigung erklärte, dass das Trio besorgt darüber war, was Trump „über das Konzept des islamischen Terrorismus zu sagen hatte“. Vorfälle wie diese und viele weitere hat der Sender ABC News zusammengetragen.[125]

Rund um manche Themen ist die Situation dermaßen angespannt, dass wir aufpassen müssen, wie gefährlich und wie belastend solche Aussagen, die Einzelne zum Feindbild machen, für diese Betroffenen sind. Beispiele lieferte hier ebenfalls die Corona-Pandemie, in der massiv und teilweise systematisch von verschwörungsgläubigen oder rechtsextremen Kreisen Stimmung gegen einzelne Fachleute gemacht wurde. Forschende wurden schlechtgeredet, auch mit Ad-hominem-Attacken. Absurd war etwa die Falschmeldung, Christian Drosten, Professor für Virologie und damals Mitglied des Corona-ExpertInnenrats der Bundesregierung, wäre kein richtiger „Doktor“. Diese Behauptung ist haltlos: Der Mediziner hat 2001 seine Dissertation fertiggestellt und 2003 promoviert, man kann das etwa in einem Faktencheck bei Correctiv.org nachlesen.[126] Ernüchternd ist allerdings, dass sich bis heute dieser substanzlose Vorwurf hält. Im März 2024 kam es zu einem Gerichtsprozess: Drosten hatte drei Personen angezeigt, die ihn auf einem Campingplatz schwer beleidigt und verleumdet haben sollen. Vor Gericht bestätigte einer der Beschuldigten, Drosten als „größten Verbrecher, der frei rumläuft“ bezeichnet zu haben. Und er wollte von Drosten wissen, ob er seinen Doktortitel überhaupt zu Recht führe.[127] Hier sieht man, wie sich Ad-hominem-Attacken, besonders wenn sie oft genug wiederholt werden, im Denken mancher Menschen verfangen.

Wutkampagnen gegen Einzelne können ein Silencing bewirken: Menschen werden aus der öffentlichen Debatte verdrängt, da sie den Druck nicht mehr aushalten. Speziell bei Frauen besteht die Gefahr, dass sie sich in der Folge solcher Angriffe zurückziehen. Eine norwegische Studie beobachtete, dass Frauen, die online Hassrede erlebt haben, eine höhere Wahrscheinlichkeit als Männer aufweisen, anzugeben, dass sie vorsichtiger werden, ihre Meinung öffentlich auszudrücken.[128]

Ich denke, viele teilen mittlerweile die Sorge, dass einige Einschüchterungsversuche gelingen. Denn das gesellschaftliche Klima ist zum Teil so rau geworden, dass sogar Gewalt manchen als ein adäquates Mittel erscheint. In Deutschland erleben Politikerinnen und Politiker aus allen Parteien Angriffe. Eine große Debatte löste jener Vorfall aus, bei dem vier junge Deutsche den sächsischen SPD-Spitzenkandidaten für die Europawahl, Matthias Ecke, krankenhausreif prügelten, als er Wahlplakate aufhängen wollte. Der CDU-Politiker Walter Lübcke ist 2019 von einem Rechtsextremisten ermordet worden. Wie schon erwähnt, wurde speziell zu den Corona-Maßnahmen in einschlägigen Online-Gruppen viel Wut, sogar Hass geschürt. 2021 erschoss ein Mann in Idar-Oberstein (Rheinland-Pfalz) einen Studenten, der dort an der Tankstelle arbeitete und auf die geltende Maskenpflicht hinwies. Der Täter hat laut Gericht eine rechtsradikale Einstellung und eine feindliche Haltung gegen den Staat. Er habe an dem Studenten „ein Exempel" statuieren wollen.[129]

Solche Vorfälle sehe ich auch als Beispiel, wie Rhetorik eine Art Waffe darstellen kann: Wenn sprachlich das Gefühl der Spaltung genährt, Menschen zum Feindbild oder sogar zu einer gefühlten Bedrohung gemacht werden, kann das bei Einzelnen den Eindruck wecken, Gewalt wäre eine angemessene, vielleicht sogar notwendige Form der Verteidigung. Die zitierten Taten sind natürlich Extrembeispiele – aber sie verdeutlichen, wie gefährlich ein erhitztes und mit Feindbildern belastetes Diskussionsklima ist.

Was können wir tun? Ich habe in diesem Kapitel beschrieben, wie Rhetorik eine Waffe sein, sogar tatsächliche Gewalt und Gewaltbereitschaft mit nähren kann. Hier sind wir als Bürgerinnen und Bürger auf das Funktionieren des Staates angewiesen – darauf, dass Polizei und Justiz Radikalisierung ernst genug verfolgen, dafür ressourcentechnisch und im Know-how des Personals gut genug ausgestattet sind. Ich möchte darüber hinaus aber auch drei Empfehlungen geben, die etwas niederschwelliger ansetzen. Darunter: Wie man einzelnen Betroffenen, die extreme Anfeindungen erleben, den Rücken stärken kann. Oder was wir als Gesellschaft tun können – von harten Sanktionen bis Empathiefähigkeit – um auf aggressive Kommunikation zu antworten.

Empfehlung 1: Es braucht Sanktionen

Klagen sind sinnvoll. Wer andere verächtlich macht, kann rechtlich belangt werden – selbst in der Spitzenpolitik. Wir haben ja eigens Straftatbestände, um Menschen vor Diskreditierung zu schützen. In Österreich ist folgendes Beispiel aus dem Jahr 2018 sehr bekannt. Der damalige Parteichef der FPÖ, Heinz-Christian Strache, hat dem ORF-Moderator

Armin Wolf Lügen vorgeworfen. Konkret hatte dieser ein Bild des Fernsehmoderators gepostet mit der Überschrift: „Es gibt einen Ort, an dem Lügen zu Nachrichten werden. Das ist der ORF." Strache versah sein Posting mit einem Smiley und dem Hinweis, es handle sich um „Satire". Wolf klagte daraufhin unter anderem wegen übler Nachrede und Ehrenbeleidigung. Es kam zur außergerichtlichen Einigung: Der Politiker verpflichtete sich, diese oder sinngleiche Äußerungen zu unterlassen und 10.000 Euro Entschädigung an das DÖW zu überweisen, das Dokumentationsarchiv des österreichischen Widerstandes, das wichtige Aufklärungsarbeit über Rechtextremismus leistet.[130] In der hochprofessionellen Politik sind manche Reden oder Online-Postings so formuliert, dass sie zwar deftig klingen, aber juristische Tatbestände wie Beleidigung oder auch Verhetzung gerade noch nicht erfüllt sind. Umso wichtiger erscheint mir, nach Möglichkeit jene Fälle zu klagen, in denen die Formulierung so eindeutig ausfällt, dass man gute Karten vor Gericht hat. In Deutschland führt die Organisation HateAid (an die sich Betroffene wenden können) viele Klagen gegen Hasskommentare durch – ein wichtiger demokratischer Beitrag, um verrohte Sprache, die sogar rechtswidrig ist, in Schranken zu weisen.

Dazu eine interessante neue Untersuchung aus der Schweiz: Die Soziologin Lea Stahel und der Statistiker Sebastian Weingartner haben rund 70 Personen, die für Online-Kommentare polizeilich angezeigt wurden, kontaktiert und vier davon befragen können. Vier Interviewte klingt nach einer kleinen Zahl – ist sie auch, aber weil die Personen hinter Hasskommentaren oft anonym bleiben wollen und Straftäter:innen generell sehr schwierig für Interviews zu rekrutieren sind, ist bereits diese Datenlage eine große Leistung. Bei den Befragten zeigt sich: Der strafrechtliche Prozess hatte eine Wirkung: Die drei Männer und die Frau geben an, danach deutlich zurückhaltender beim Posten von strafbaren Äußerungen geworden zu sein. Die etwas ernüchternde Beobachtung: Der vorrangige Grund, warum diese Personen nicht mehr so aggressiv posten, ist, dass sie weitere negative Konsequenzen in Zukunft vermeiden wollen. Aus gesellschaftlicher Sicht wäre es wünschenswerter, wenn Menschen grundsätzlich auf diffamierende Äußerungen verzichten, weil sie diese Zurückhaltung als moralische Norm für sich selbst erkannt haben (das wäre ein Ausdruck der bereits erwähnten Civility). Doch das war nur bei einem der Befragten so, der in der Zwischenzeit auch positiven Kontakt zu seinem Opfer hatte. Das scheint bei ihm zu mehr Empathie geführt zu haben. Die Untersuchung von Stahel und Weingartner liefert überdies einen faszinierenden Einblick, wie Menschen das Verfassen strafbarer Online-Postings gegenüber sich selbst rechtfertigen. So betrachten sich die Befragten selbst als redliche Schweizer Bürgerinnen und Bürger und betonen, dass sie Steuern zahlen oder niemals arbeitslos waren. Gleichzeitig greifen sie zu verharmlosenden Argumenten. Sie schieben die Verantwortung für den Vorfall von sich (z. B. wird das eigene Verhalten als impulsive Handlung abgetan); sie blenden aus, tatsächlich etwas Verletzendes begangen zu haben (z. B. heißt es, der Kommentar wäre vergleichsweise harmlos gegenüber dem, was andere posten); sie argumentieren, dass das Opfer das eigentlich verdient hätte (das reicht bis hin zur frauenfeindlichen Aussage, die

Betroffene hätte das Posting selbst provoziert, weil sie als Frau nicht ästhetisch genug aussieht); ebenso gibt es das Argument, dass ein höherrangiges Anliegen dieses Verhalten rechtfertige (z. B. wegen einer angeblichen Bedrohung, die Migrant:innen darstellen würden). Kurz, selbst wenn Menschen schon rechtliche, finanzielle Sanktionen erlebt haben, können sie argumentative Techniken finden, um ihr eigenes Verhalten vor sich zu rechtfertigen.

Auch wenn dieser Befund ernüchternd klingen mag, so ist es besser als nichts, dass die Befragten zumindest vor der Wiederholung solcher Straftaten zurückschrecken, weil sie sich ihr Leben nicht weiter verbauen wollen. Meines Erachtens ist eine der größten Herausforderungen, das Bewusstsein und die Ressourcen in Justiz und Exekutive so auszubauen, dass öfters Konsequenzen für strafbare Hasskommentare folgen. Also dass Personen, die solche Botschaften verfasst haben und dafür angezeigt wurden, auch wirklich vor Gericht landen. Das Strafrecht kann natürlich nicht alle Probleme lösen, aber es ist ein notwendiger und hilfreicher Ansatz.[131]

Empfehlung 2: An Empathie erinnern

Empathie kann helfen. Denn nicht alle Personen, die zum Beispiel etwas Rassistisches posten, müssen gleich stark hinter solchen Aussagen stehen. Hier kann Zivilcourage einen kleinen, aber positiven Effekt haben. Das hat der Schweizer Staatswissenschaftler Dominik Hangartner gemeinsam mit Kolleg:innen beobachtet. Die Forschenden suchten den Austausch mit der Zivilgesellschaft, um zu schauen, welche Formen der Gegenrede engagierte Organisationen und ihre ehrenamtlichen Helferinnen und Helfer anwenden. Das

Forschungsteam testete, welche Techniken als Antwort auf rassistische oder fremdenfeindliche Tweets am besten funktionierten. Erstens untersuchten sie humorvolle Antworten, etwa witzige Bilder, die nahelegten, jemand solle aufhören zu twittern. Zweitens eine Erinnerung, dass das Geschriebene Konsequenzen haben kann (weil Freundinnen und Freunde oder Familienmitglieder es sehen könnten). Und drittens ein Appell an Empathie, zum Beispiel, dass die verwendete Sprache für die jeweilige Gruppe verletzend sein kann. Lediglich das Erinnern an Empathie führte dazu, dass Menschen ihr Verhalten änderten – zumindest ein kleiner Teil von ihnen. In 8,4 Prozent der Fälle löschten die Personen ihre rassistischen oder fremdenfeindlichen Äußerungen.[132] „Diese empathiebasierten Strategien sind sicher kein Allheilmittel, aber sie können doch einen Beitrag leisten für einen etwas zivilisierteren Diskurs, und es ist ein Mittel, das Sie und ich einsetzen können, also auch Einzelpersonen für sich nutzen können", so Hangartner.

Hangartner erzählte mir, er habe in der Schweiz eine Folgestudie durchgeführt, die noch nicht publiziert sei. Darin wurde genauer ausgewertet, wie häufig Leute Hassrede auf Twitter eingesetzt haben: „Was wir da gesehen haben, ist, dass all diese Gegenrede-Strategien ineffektiv sind bei den Leuten, die sehr häufig Hassrede verwenden."

Es gibt also Grenzen, wie viel der Appell an Empathie bewirkt. Aber Empathie scheint doch ein Stück weit ein Einlenken mitermöglichen zu können. Und das ist schon ein kleiner Erfolg, ein weiterer hilfreicher Ansatz.

Das bringt mich zur letzten Empfehlung. Was können Betroffene tun, wenn sie Hasskommentare erhalten?

Welche Diskussionstechnik hilft gegen rassistische Kommentare?

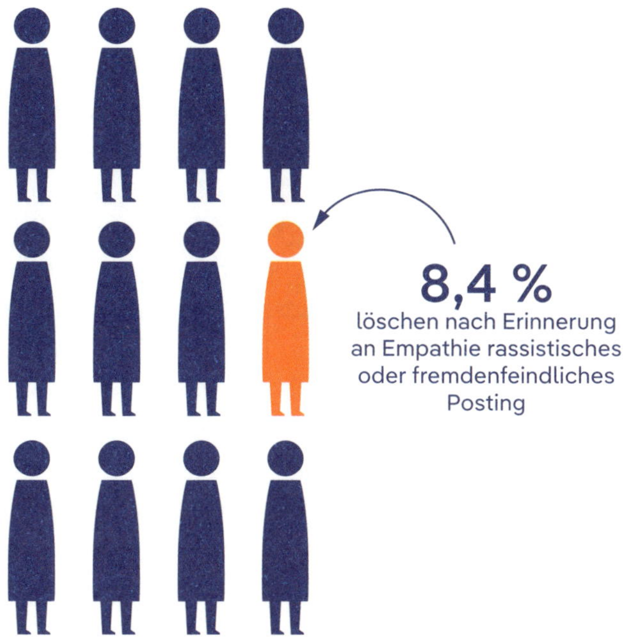

Und wie können Außenstehende sie unterstützen? Hierfür habe ich mit einer Expertin aus der psychologischen Praxis gesprochen.

Empfehlung 3: Gemeinsam Resilienz fördern

Ich habe Dorothee Scholz auf einer Konferenz kennengelernt, auf der wir Anfeindungen gegenüber Wissenschaftler:innen diskutierten. Sie arbeitet als Psychotherapeutin mit fachlicher Spezialisierung auf digitale Gewalt – ihre

Klientinnen und Klienten sind oft Menschen, die enorme Mengen an Hasskommentaren, Diffamierungsversuchen, auch Mord- und Vergewaltigungsdrohungen erlebt haben. Sie berichtete dort, wie umfassend solche Nachrichten zu einem Gefühl des sozialen Ausschlusses für Betroffene führen können. Zum Beispiel kann es sein, dass jemand zum Bäcker geht, dort im Laden steht und sich fragt: Ist mein Bäcker auch „einer von denen"? Einer, der solche Nachrichten schreibt, der so denkt? In so einem Fall haben die aggressiven Kommentare bewirkt, die gesellschaftliche Sicht einer Person zu beeinflussen, ihre bis dahin (oft) positivere Weltsicht zu verdunkeln. Ich habe Dorothee Scholz für dieses Buch gefragt, wie sich das erklären lässt. Sie erzählte: „Es gibt eine Daumenregel in der Psychologie: in das eigene Gefühl kommt das, was man erlebt – nicht das, was man weiß." Das heißt, von Hasskommentaren und Diffamierungsversuchen Betroffene wissen auf einer rein rationalen Ebene, dass die Absender:innen solcher Botschaften nur eine Minderheit sind. „Den ganzen Tag nur Hasskommentare zu erleben, macht aber etwas mit der eigenen Weltwahrnehmung, die Intensität dieser Erfahrung führt nachvollziehbarerweise zu einem ‚Verrutschen' der Sichtweise auf andere Menschen und damit auch zu einem starken Gefühl der Isolation", sagt Scholz.

Als Journalistin beschäftige ich mich seit mehr als zehn Jahren mit Hasskommentaren – und bis heute gibt es das schnell hingesagte Argument, die Betroffenen sollten sich eine dickere Haut zulegen. Aber ein Teil der Menschen, die diese Sichtweise vertreten, unterschätzt womöglich, wie verletzend solche Hasskommentare formuliert sind und wie bedrohlich ihre Folgen in der analogen Welt sein können. Dorothee Scholz berichtet, dass viele ihrer Klient:innen massiv von antidemokratischen, verschwörungsideologischen, rechtsextremistischen oder islamistischen Gruppen angegriffen werden. Und was die Betroffenen erleben, sind in der Regel gelenkte Empörungswellen, Mord- und Vergewaltigungsdrohungen, Diffamierungskampagnen oder einfach jahrelangen „regelmäßigen Hass“. Ein Teil des Problems ist neben der Sicherheitslage und den gravierenden beruflichen Auswirkungen die extreme Form der – häufig öffentlich sichtbaren – Erniedrigung. Scholz berät auch Frauen, die in Hunderten von Kommentaren sexistisch entwertet, mit Vergewaltigungsbeschreibungen überhäuft und bedroht wurden. Wobei hier juristisch das Problem besteht, dass solche Äußerungen nach dem Strafrecht manchmal nicht als Bedrohung eingestuft werden, weil der Absender nicht konkret schreibt: „Ich werde dich vergewaltigen“, sondern erklärt, die betroffene Frau hätte es verdient, vergewaltigt zu werden, und diese Gewaltfantasie in derber Sprache schildert. Meines Erachtens sollte niemand eine so dicke Haut haben müssen, dass solche Sätze einfach abprallen und damit auch gesellschaftlich normalisiert werden (eine Ansicht, die Scholz teilt).

Ein anderes Teil des Problems ist die häufige Wiederholung der Herabwürdigung: Selbst wenn die Beleidigungen weniger extrem formuliert sind, aber man jedes Mal beim Öffnen des E-Mail-Postfaches oder einer Social-Media-App diese Botschaften sieht, dann hinterlässt das Spuren. Scholz hat auch hier Empfehlungen: „Um dem entgegenzuwirken, sind sogenannte ‚Gegenerfahrungen‘ notwendig“, meint sie,

„entweder durch sichtbare Solidarität durch Dritte in Online-Räumen oder durch positive, unterstützende Interaktionen in der analogen Welt." Für Betroffene ist es wichtig, sich Verbündete zu suchen, nach Möglichkeiten auch Schutzgrenzen zwischen sich und die Gehässigkeiten zu bringen. Ein Beispiel dafür ist das Buddy-System, bei dem Betroffene von verbaler Gewalt zwischenzeitig etwa Kolleg:innen, oder gute Freundinnen bzw. Freunde (oder andere Vertrauenspersonen) bitten, ihre Social-Media-Konten für sie zu verwalten, mitzulesen, zu dokumentieren oder Hassbotschaften auch mal zu löschen.

Sehr hilfreich ist erfahrungsgemäß auch eine fähige rechtliche Beratung, sagt Dorothee Scholz. In Deutschland bietet die Organisation HateAid juristische Beratung für Betroffene an, in Österreich tut dies die Organisation Zara. Je nach dem Lebensbereich, den die digitale Gewalt beeinträchtigt, kann man passende Gegenstrategien suchen. Das fängt an bei Überlegungen, wie man seine öffentliche Reputation absichert und breitenwirksam kommuniziert, dass die Behauptungen irreführend sind, und kann bis hin zur Frage reichen, ob es am Arbeitsplatz genügend Sicherheitsschranken gibt, sodass Leute nicht einfach ins Büro eindringen können. Auch das Sichtbarmachen von strukturellen Problemen bei der juristischen Verfolgung oder der bewusste Entschluss, sich öffentliche Teilhabe oder bestimmte Lebensbereiche nicht nehmen zu lassen, sind Verteidigungsmöglichkeiten.

Manche Empfehlungen der Psychotherapeutin können auch Außenstehende berücksichtigen. Nehmen wir die düstere Wahrnehmung, dass andere Menschen womöglich zu

„denen" gehören könnten, dass vielleicht auch der Bäcker solche Kommentare schreibt. „Erst, wenn jemand wieder die aktive Erfahrung macht, dass andere einen akzeptieren, kann das gewaltbedingte Isolationsgefühl durch die Psyche korrigiert werden", meint Scholz.

Tipp

Ein Ziel kann sein, Menschen, die Derartiges erlebt haben oder gerade erleben, positive Signale und das Gefühl von Wertschätzung zu vermitteln. Dazu passend gibt es das Konzept des Kohärenzgefühls, das mehrere Faktoren benennt, wie Menschen trotz hoher Belastung gesund bleiben können. Einer dieser Faktoren ist der Fokus auf selbstgeschaffene Sinnhaftigkeit, also dass man Belastungen eher aushält, wenn man einen Sinn in der eigenen Tätigkeit sieht. Hierzu erzählte mir Scholz: „Menschen, die digitale Gewalt erfahren, setzen sich häufig für Menschenrechte und andere immens wichtige Themen ein. Sich bewusst zu machen, wie unverzichtbar dieser Einsatz ist, kann dazu beitragen, damit einhergehende Gefahren gesünder zu bewältigen."

Viele dieser Punkte lassen sich auch als gesellschaftlichen Auftrag sehen: Zum Beispiel kann es passieren, dass Leute Anfeindungen erleben, gerade weil sie als medizinische Fachperson über die Gefahren eines Virus aufklären. Oder eine Frau kann Vergewaltigungsdrohungen erhalten, gerade weil sie sich als Feministin gegen sexuelle Gewalt gegen Frauen einsetzt. Wenn diese Personen solche Einschüchterungskampagnen erleben, kann man ihnen – auch als Fremder – ausrichten: Ich schätze Ihre Arbeit sehr, lassen Sie sich nicht unterkriegen.

KAPITEL 6

Die Verzerrung der Realität

Am 16. Januar 2024 demonstrieren zigtausende Menschen in Köln gemeinsam „gegen den Rechtsruck". Der Fotograf Lennart Pagel postet beeindruckende Luftaufnahmen, die Menschenmassen auf dem Heumarkt zeigen. Doch der Erfolg solcher Demos wird kleingeredet und mittels falscher Behauptungen angezweifelt. Auf Facebook suggeriert eine Userin zum Beispiel, das Bild wäre mittels KI (Künstlicher Intelligenz) erstellt worden. Sie meint unter anderem, ein Baum auf dem Foto sei viel zu grün für eine Aufnahme im Winter. Das Posting der Frau ist irreführend. Die Aufnahme aus Köln ist echt, sie stimmt überein mit vielen anderen Fotos, die an diesem Abend gemacht wurden. Auch die Polizei bestätigt, dass „mehrere 10.000 Menschen" an der Demonstration teilnahmen.[133] Der Baum wirkt grün, weil er neben einem Gasthaus steht, das seine Fassade abends grün beleuchtet. Überprüft hat all das die Deutsche Presse-Agentur (dpa) in einem Faktencheck.[134] Übrigens war die Demo so gut besucht, dass die Polizei den Protestierenden riet, nicht zum überfüllten Heumarkt, dem Startpunkt, zu kommen, sondern sich unterwegs dem Zug anzuschließen.[135]

Dieser Fall zeigt einmal mehr, wie sehr Falschmeldungen als ein politisches Instrument eingesetzt werden. Etwa um unerwünschte Tatsachen klein- oder schlechtzureden. Gerade von rechter Seite wurden wiederholt falsche Behauptungen verbreitet, dass die eindrucksvollen Fotos von den Kundgebungen gegen Rechtsextremismus gefälscht seien.[136] Überdies verdeutlicht das Hamburger Beispiel, wie groß die Verunsicherung durch Künstliche Intelligenz bereits geworden ist. Denn die grundsätzliche Bereitschaft zum Zweifeln ist angebracht. Es kursieren ja tatsächlich mithilfe von KI-

Diensten gefälschte Bilder. Ich werde in diesem Buch nicht ausführlich auf Künstliche Intelligenz und von KI erstellte Inhalte eingehen, die Menschen täuschen können, das führt weiter weg vom Kernthema. Aber zwei Beobachtungen möchte ich anstellen. Erstens führen die neuen technischen Möglichkeiten der KI tatsächlich dazu, dass ein weiteres, zusätzliches Genre der Irreführung entstanden ist: Fotos, Videos oder auch Stimmen können nun leicht gefälscht werden. Das zweite Problem ist die daraus resultierende, umso größere Verunsicherung bei vielen Menschen: Was kann man noch glauben?[137] KI wird nicht nur dazu verwendet, um mittels gefälschter Inhalte eine Pseudo-Realität zu schaffen, sondern die Verunsicherung durch KI wird auch dazu missbraucht, um die Realität an sich infrage zu stellen. Da werden echte, politisch relevante Fotos angezweifelt mit dem Hinweis, eine KI könnte dahinterstehen. Und genau das ist eines der Ziele von unseriösen Akteurinnen und Akteuren: In vielen politischen Debatten kann Desinformation auch dann schon erfolgreich sein, wenn Menschen das Gefühl haben, sie haben den Durchblick verloren, denn durch die allgemeine Verwirrung werden die Fakten in den Hintergrund gedrängt.

In diesem Kapitel wird es darum gehen, wie wir auf Methoden der Irreführung antworten können. Falschmeldungen haben viele negative Effekte: Sie werden genutzt, um Ablehnung und regelrecht Hass gegen Minderheiten zu schüren. Manche Falschmeldungen sind darauf ausgerichtet, das Vertrauen in die Demokratie zu untergraben – indem sie beispielsweise Zweifel an demokratischen Wahlergebnissen wecken. Und eine der wichtigsten Wirkungen, die Fehlinformationen haben, ist: Sie ziehen uns den gemeinsamen

Boden der Realität unter den Füßen weg, sie nehmen uns damit auch die Möglichkeit, ein sachliches Gespräch zu führen. Diese Dynamik fällt nicht nur auf, wenn es um die Frage geht, ob zigtausende Menschen in der Stadt XYZ gegen Rechtsextremismus und für die Demokratie demonstriert haben. Auch bei wissenschaftlichen Themen sehen wir dieses Problem: So leben wir in einer Zeit, in der die Erde messbar heißer wird. Um die Seite klimafakten.de zu zitieren: „Eine übergroße Mehrheit von ‚90 bis 100 Prozent' der Klimaexperten teilt den Konsens, dass der Mensch hauptverantwortlich für den gegenwärtigen Klimawandel ist."[138] Dazu hat klimafakten.de die folgende Grafik erstellt. Sie gibt einen Überblick über einige Studien, die beziffern, wie groß der Konsens unter Fachleuten über den menschengemachten Klimawandel ist.

Etliche Studien beziffern, wie groß der Fachkonsens in der Forschung über Grundfragen des Klimawandels ist

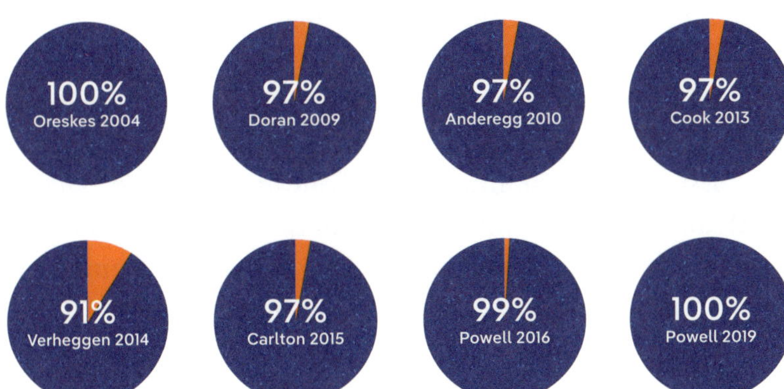

Doch auf gleich mehreren Ebenen lässt sich die Ernsthaftigkeit dieses Themas diskreditieren. So gibt es mittlerweile umfassende wissenschaftliche Auswertungen, mit welchen Argumenten die Klimakrise kleingeredet wird. Konkret fallen fünf sprachliche Muster auf: 1.) Die globale Erhitzung findet nicht statt. 2.) Vom Menschen erzeugte Treibhausgase sind nicht für die Erderhitzung verantwortlich. 3.) Die Auswirkungen der Klimaveränderung sind nicht so schlimm. 4.) Lösungen zum Schutz des Klimas funktionieren nicht. 5.) Die Aussagen der Klimaforschung und der Klima-Aktivistinnen und Aktivisten sind unzuverlässig. Man merkt hier, mit welch vielschichtigen Argumenten die Klimakrise angezweifelt und Lösungen hinausgezögert werden: Es geht längst nicht nur darum, die Erderwärmung zu leugnen, sondern auch darum, Zweifel an der Notwendigkeit oder der Effizienz ernsthafter Schritte zu säen. Forschende aus Großbritannien und Italien haben überdies festgestellt, dass zumindest auf Twitter (jetzt: X) die Polarisierung rund um dieses Thema zugenommen hat, gemessen an der Diskussion über die UN-Klimakonferenz. Das heißt, in einer Zeit, in der es eigentlich Konsens bräuchte, um gemeinsam Lösungen zu finden, um die gefährliche Erhitzung der Erde wenigstens etwas zu bremsen, machen wir zu einem gewissen Grad Rückschritte in der Diskussion über die Klimafolgen und wie man ihnen begegnen kann.[139]

Ich glaube, wir müssen auch deshalb dringend über Fehl- und Desinformation reden und wie diese genutzt wird, um Verunsicherung und Spaltung bei wichtigen Themen zu lancieren. Es geht hier um nichts Geringeres als die Fähigkeit, als Gesellschaft Lösungen auf einige der drängendsten Fragen unserer Zeit zu finden. Zunächst ist es sinnvoll, zu verstehen, weshalb falsche Behauptungen, die teils leicht überprüfbar wären, von Menschen geglaubt werden. Darauf aufbauend lassen sich Taktiken finden und für die Zukunft zurechtlegen, die reale Informationen besser verständlich machen oder Verwirrung sogar vorbeugen.

INTELLEKTUELLE DEMUT ZEIGEN

Im Englischen gibt es eine recht witzige Formulierung: Es heißt in manchen Fachaufsätzen, dass wir Menschen „cognitive misers" seien, „kognitive Geizhälse". Vereinfacht gesagt bedeutet es, dass wir oft versuchen, anstrengendes, genaues kritisches Nachdenken zu vermeiden. In dem automatischen, eher oberflächlichen Denkmodus, mit dem wir Menschen durch den Alltag gehen, kann es passieren, dass wir empfänglicher sind für logische Fehlschlüsse und Falschmeldungen, wenn sie im ersten Moment richtig oder wahr klingen. Ein weiteres Problem ist, dass die eigene politische Überzeugung wie ein Schmiermittel sein kann, welches ermöglicht, dass Falschmeldungen durchrutschen, weil man nur oberflächlich oder gar nicht über ihre Glaubwürdigkeit nachdenkt. Menschen glauben eher jene falschen Headlines, die sich mit ihren eigenen Ansichten decken.[140] Das verdeutlicht, weshalb Falschmeldungen gefährlich sind: Sie vergrößern den gesellschaftlichen Graben, sie bestätigen bestehende Vorurteile.

Man kann aus solchen Überlegungen für sich selbst Tipps ableiten, um weniger für Falschmeldungen empfänglich zu sein. Zum Beispiel befinden wir uns, wenn wir auf

Social Media durch den Feed scrollen, eher in diesem Autopilot-Denkmodus, bei dem man zwar registriert, was passiert, aber nicht über alles bis ins letzte Detail nachdenkt. Man stolpert womöglich über eine Nachricht, bei der man sich denkt: „Ha, das habe ich mir schon immer gedacht!“ Natürlich kann so eine Geschichte echt sein, die Realität bestätigt manchmal die eigenen Einstellungen oder Vorurteile – aber nicht immer. Oft sind erfundene oder halbwahre Geschichten genau so konstruiert, dass sie zur Weltsicht der jeweiligen Zielgruppe passen und gedanklich unkontrolliert einsickern.

Ein Beispiel: Weit verbreitete sich Anfang März 2024 eine Falschmeldung über den bayerischen Ministerpräsidenten Markus Söder. Man sah am Weltfrauentag ein angebliches Posting auf X (vormals Twitter) von ihm. Der Politiker hält einen Blumenstrauß in der Hand, in seinem Tweet steht: „Die Perspektive von Frauen gehört selbstverständlich und gleichberechtigt in alle Lebensbereiche, ob in der Familie oder im Haushalt (...).“ Dieses Posting gibt es nicht, es ist eine Fälschung, wie die Nachrichtenagentur AFP aufzeigt.[141] Aber Menschen teilten es, weil dieses Bild von Söder mit dem Blumenstrauß das Klischee eines konservativen Politikers bedient, der den Frauentag als Blumen-Geschenktag fehlinterpretiert anstatt als das, was er ist: ein feministischer Aktionstag.

Tipp

In meinen Medienkompetenz-Trainings gebe ich immer folgenden Tipp: Auf Situationen achten, in denen man potenziell gerade in die Irre geführt wird. Will man nicht auf Falschmeldungen oder Halbwahrheiten hereinfallen, lohnt es sich, zwei Dinge zu beobachten – die eigene Emotionalität und das Gefühl der Bestätigung. Oft lösen Falschmeldungen Belustigung oder Wut aus. In Kapitel 2 habe ich bereits kurz erwähnt, dass sowohl Wut als auch Belustigung Emotionen sind, die die Wahrscheinlichkeit erhöhen, dass Menschen Inhalte teilen. Wut führt auch dazu, dass sich Menschen in ihrer Sichtweise versteifen, viele Falschmeldungen profitieren davon, dass sie Wut auslösen, Vorurteile bestätigen und Leute dann keine Gegenargumente hören wollen. Zweitens: Falschmeldungen nutzen auch den sogenannten Confirmation Bias, auf Deutsch Bestätigungsfehler. Eine Nachricht, die stark zu den eigenen Überzeugungen passt, wird oft weniger angezweifelt. Mir hat in einem meiner Seminare eine Teilnehmerin erzählt, sie sei selbst auf die Falschmeldung über Markus Söder am internationalen Frauentag hereingefallen, wollte die Geschichte dann auch Freundinnen und Freunden weitererzählen und hat zum Glück beim Googeln danach gemerkt, dass das Ganze eine Erfindung ist. Wichtig ist: Wir alle sind potenziell für Falschmeldungen empfänglich, wenn sie nur gut genug zu unseren eigenen Erwartungen passen oder wir sie in einem unaufmerksamen Moment mitbekommen.

Wer diese Auffassung vertritt, dass man in einer Sache auch irren könnte, dass das eigene Denken falsch sein könnte, wer also sogenannte „intellektuelle Demut" zeigt, fällt tendenziell auch eher weniger auf Fehlinformationen herein, ergab beispielsweise eine Untersuchung der Psycholog:innen Shauna M. Bowes und Arber Tasimi.[142]

Ich bin der Meinung, dass jede und jeder Einzelne sehr viel gegen Desinformation tun kann. Allein auf ein kritisches – und selbstkritisches – eigenes Denken zu achten, ist bereits ein wichtiger Ansatz. Die zweite Frage ist, wie wir gesellschaftlich etwas dazu beitragen können, dass inhaltlich falsche Aussagen öfters als solche erkannt werden, und wie man die eigene Medienkompetenz oder die im eigenen Umfeld stärken kann.

In manchen Familien führen Themen wie die Klimakrise sogar zu Streit: Da gibt es vielleicht ein Familienmitglied, das partout nicht an die Ernsthaftigkeit der Erderwärmung glauben will, womöglich kommt es zu hitzigen Diskussionen oder man vermeidet manche Fragestellungen, um nicht wieder aneinanderzukrachen. Zur Einordnung solcher Vorfälle ist wichtig, dass Menschen in meinen Augen oft deshalb Falschmeldungen glauben, weil diese auf einer emotionalen Ebene die gewünschtere Geschichte darstellen. Zum Beispiel konnte es sich in der Corona-Pandemie für Einzelne besser anfühlen, nicht an die Existenz oder die Ernsthaftigkeit des Virus zu glauben. Denn das ermöglichte Menschen, ohne Sorgen hinauszugehen, Freundinnen und Freunde zu treffen, keine Maske zu tragen. Manchmal ist die Realität ein düsterer Ort und manch eine Falschmeldung hilft, das auszublenden. Die Existenz der Klimakrise kann für Menschen ebenfalls eine unangenehme Wahrheit darstellen: Das Potsdam-Institut für Klimafolgenforschung publizierte 2024 im Fachjournal *Nature* eine Prognose, dass die Klimakrise schon mit den bereits produzierten Treibhausgasen zu einem Einkommensverlust von elf Prozentpunkten in Deutschland und zwölf Prozentpunkten in Österreich führt.[143] Eine Reaktion auf solche angsteinflößende Headlines kann sein, dass manche derartige Forschungsergebnisse daraufhin anzweifeln und jenen verharmlosenden Stimmen zuhören, die von „Klimahysterie“ sprechen.

Empfehlung

Deshalb an dieser Stelle gleich ein Tipp für das Diskutieren: Es fühlt sich unangenehm an, wenn ein Familienmitglied meint, man wäre selbst Teil der „Klimasekte“, oder andere als „Klimaspinner“ abtut und dann vielleicht eine Falschmeldung oder ein irreführendes Argument wiedergibt. Doch selbst solche Aussagen beinhalten eine wichtige Information. In vielen Fällen sind Falschmeldungen nicht deshalb erfolgreich, weil sie so intelligent verfasst und unwiderlegbar wären, sondern weil sie Menschen emotionalen Halt oder Bestätigung bieten. Fakten prallen in derartigen Fällen womöglich ab, weil die Falschmeldung auf dieser emotionalen Ebene ansetzt. Man kann in solchen Fällen im Gespräch die Ebene wechseln, etwa respektvoll Fragen stellen, die die Emotionen oder die Quellen einer Person beleuchten. Woher hast du das? Was ist so ärgerlich daran? Ich habe ein ganzes Buch über diese Art des respektvollen Konterns auf Falschmeldungen und Verschwörungsmythen geschrieben namens *Einspruch*. Meine grundlegende Empfehlung lautet, einen Diskussionsstil zu suchen, der es Menschen ermöglicht, dass sie selbst schrittweise zum Zweifeln kommen, und der ihnen offenlässt, auch wieder von so einer Sichtweise abzukehren, also die Meinung zu revidieren, ohne einen Gesichtsverlust befürchten zu müssen.

Aber bleiben wir kurz beim Thema dieses Buchs, der Verrohung politischer Debatten. Mich regt eines wirklich auf: Ein Teil des Problems, weshalb zum Beispiel Menschen in ihren Familien in Streit geraten, weshalb wissenschaftliche Ergebnisse teils ausgeblendet werden, sind bekannte Persönlichkeiten sowie hochrangige Politikerinnen und Politiker, die mit ihrer Rhetorik genau solche emotionalen Ausflüchte vor der Realität begünstigen. Vieles deutet darauf hin, dass es wichtig ist, sowohl auf gesamtgesellschaftlicher (zum Beispiel wirtschaftlicher) als auch individueller Ebene, klimafreundlichere Lösungen oder Alltagspraktiken zu finden. Doch es gibt jene Stimmen, die suggerieren: Du musst die Klimakrise nicht ernstnehmen, alles halb so wild. Oder: Du musst dein eigenes Handeln nicht hinterfragen, alles ist gut so. Zum Beispiel hat die FPÖ in einer Pressemitteilung erklärt, heutige Verbrennungsmotoren hätten „einen Schadstoffausstoß, der fast zu vernachlässigen ist“. Dem widersprechen Fachleute. Vergleichen wir E-Autos und Pkws mit Benzin- oder Dieselmotor: Das Elektroauto schneidet wesentlich besser ab. Natürlich fällt bei der Herstellung der Batterie CO_2 an. Eine Berechnung aus Österreich: „Das Umweltbundesamt kommt in seiner Ökobilanz etwa zu dem Ergebnis, dass ein Elektro-Auto über seinen gesamten Lebenszyklus betrachtet – je nach Pkw-Klasse – zwischen 47 und 63 Prozent weniger Treibhausgas-Emissionen verursacht als ein Verbrenner“, schreibt das Magazin *Profil* in einem Faktencheck.[144] Seit Jahren beschäftige ich mich mit Fehl- und Desinformation, auch zur Klimathematik. Es gibt mittlerweile leider eine eigene Kategorie Falschmeldung, die darauf abzielt, klimaschonendere Technologien (Windräder, Photovoltaik, E-Autos) schlechtzureden und den Status quo zu verharmlosen.[145]

Es ist geradezu gefährlich für das Verständnis innerhalb der Bevölkerung, wenn solche Geschichten wiederholt werden. Denn wenn eine Behauptung öfter gehört wird, dann „fühlt“ sie sich für Menschen durchschnittlich wahrer an. Das nennt man in der Psychologie den „Illusory Truth Effect“. Schon seit dem Jahr 1977 kommen Studien zu dem Befund, dass die pure Wiederholung einer Aussage die Wahrscheinlichkeit erhöht, dass Leute diese als wahr einstufen (auf Deutsch wird dieser Effekt etwas langweiliger „Wahrheitseffekt“ genannt). Die Psychologin Lisa Fazio von der Vanderbilt University beobachtete etwa, dass schon bei Fünfjährigen der Illusory Truth Effect genauso auffällt wie bei Erwachsenen.[146] Und selbst wenn Menschen bereits über Wissen zu einer Thematik verfügen und ihnen somit klar sein sollte, dass eine bestimmte Aussage falsch ist, führt die Wiederholung anscheinend dazu, dass sie trotzdem öfter die falsche Angabe glauben.[147] In einer berühmten Radio-Ansprache sagte US-Präsident Franklin D. Roosevelt im Jahr 1939: „Die Wiederholung verwandelt eine Lüge nicht in Wahrheit.“[148] Inhaltlich hat er vollkommen recht, die Wiederholung ändert nicht die Realität. Aber leider kann die Wiederholung beeinflussen, ob Menschen einen verzerrten Eindruck der Realität haben.

Im vorherigen Kapitel habe ich über Rhetorik als Waffe geschrieben. Die Wiederholung der immergleichen Aussagen gehört gerade bei Populistinnen und Populisten dazu. So wird Donald Trump nicht müde, haltlose Vorwürfe über seine politische Konkurrenz oder jene zu verbreiten, die ihm widersprechen, und sogar zu behaupten, die Wahl 2020 wäre manipuliert gewesen. Eine Untersuchung unter anderem von Lisa Fazio kam zu dem Ergebnis: Menschen, die republikanisch wählen und oft den rechtsgerichteten Sender Fox

News schauen, glauben im Schnitt eher jenen falschen Darstellungen, die Trump wiederholt äußerte.[149]

Bei der Wiederholung von Falschmeldungen spielt das Mediensystem grundsätzlich eine große Rolle, nicht nur in den USA, sondern auch im deutschsprachigen Raum. Ein neues Problem ist, dass speziell im rechten und rechtsextremen Spektrum in den letzten Jahren viele Webseiten aufkamen, die beispielsweise Zweifel an der Ernsthaftigkeit der Klimakrise wecken, negative Gefühle über Migration oder nach wie vor Angst vor der Corona-Schutzimpfung schüren. So hat etwa die rechte Seite „AUF1“ in der Pandemie an Zulauf gewonnen, sie stammt aus Österreich, verbreitet aber im gesamten deutschen Sprachraum ihre Geschichten. Sie publiziert verschwörungsaffine Behauptungen wie: „Welt-Versklavung und Great Reset: So weit sind wir im Sommer 2023“.[150] Oder die Seite präsentiert fragwürdige Zitate von angeblichen Expert:innen, etwa: „Globalistische Puppenspieler haben Angst, dass Trump an die Macht kommt“.[151] Auf Telegram folgen fast 270.000 Accounts dem Kanal. Häufig bringt er auch Gespräche mit Politikerinnen und Politikern aus dem rechtspopulistischen bis rechtsextremen Spektrum. So hat selbst AfD-Chefin Alice Weidel mehrfach AUF1 Interviews gegeben.[152] Wenn Menschen einmal solchen Kanälen folgen, dann stoßen sie vielfach auf Sätze wie: „Klimakrise ist eine Agenda für die Errichtung einer neuen Weltordnung“.[153] Oder: „Klima-Hysterie und Deindustrialisierung: Steht Deutschland vor dem Zusammenbruch?“[154] Hier wird die Ernsthaftigkeit der Erderwärmung – auch mit dubiosen Argumenten – wiederholt angezweifelt.

WIE ANTWORTEN AUF IRREFÜHRUNG? DREI ANREGUNGEN

Dass die Wiederholung wirkmächtig ist, dass wiederkehrende Falschmeldungen vom Illusory Truth Effect profitieren, mag ernüchternd sein. Aber nicht hoffnungslos, denn wir können sehr wohl etwas tun. Das Spannende ist nämlich: Auch das wiederholte Hinweisen auf Fakten ist sinnvoll, man kann hier sehr wohl Positives bewirken. Lassen Sie mich an dieser Stelle drei Anregungen geben.

1. Von Medienkompetenz-Tipps bis Faktenchecks: Aufklärung hilft

Die Psychologin Lisa Fazio forscht nicht nur zum Illusory Truth Effect. Sie hat kürzlich mit Kolleg:innen eine Megastudie durchgeführt mit mehr als 30.000 Versuchspersonen. Dabei wurden verschiedene Interventionen getestet und untersucht: Können Ansätze wie Faktenchecks, Tipps für mehr Medienkompetenz und andere Zugänge Menschen dazu bringen, selbst stärker auf die Richtigkeit einer Aussage zu achten und seltener Falschmeldungen online zu teilen? Die Ergebnisse sind noch nicht publiziert, aber Fazio gab in einer öffentlichen Vorlesung bereits Einblicke. Die gute Nachricht: Alle untersuchten Kniffe hatten positive Auswirkungen. Zum Beispiel war es so, dass das Einblenden von Faktenchecks verringerte, dass die Testpersonen falsche oder irreführende Überschriften teilen wollten. Auch wurden sie kritischer bei der Bewertung von Schlagzeilen. Diese Skepsis betraf wahre Headlines, aber noch stärker falsche und irreführende Headlines.

Spannend finde ich, dass die Studie auch simple Medienkompetenz-Tipps untersuchte wie: „Falschmeldungen haben häufig reißerische Überschriften in Großbuchstaben und mit Ausrufezeichen.“ Oder: „Stelle sicher, dass die Meldung von einer Quelle stammt, der du vertraust und die für ihre Glaubwürdigkeit bekannt ist.“ In dieser Untersuchung erzielten selbst diese recht einfachen Tipps umfassend positive Effekte: Sie führten nicht nur dazu, dass Leute skeptischer wurden bei falschen und irreführenden Headlines und diese seltener teilen wollten, sondern auch dazu, dass sie öfter wahre Information als solche erkannten und auch eher richtige Headlines teilen wollten.

Einmal mehr muss ich auf Folgendes hinweisen: Forschende wie Lisa Fazio gehen davon aus, dass es nicht den einen perfekten Ansatz gibt, um das Problem zu lösen und

Auswirkung von Medienkompetenz-TIpps

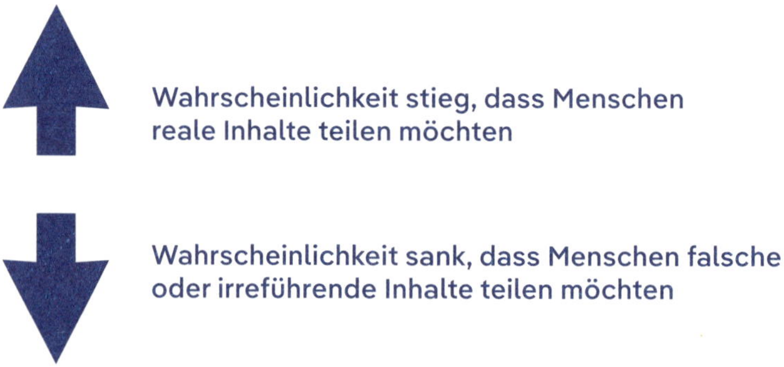

Menschen dazu zu bringen, seltener auf Falschmeldungen hereinzufallen. In ihrem Vortrag sagt sie: „Es gibt keine einzelne Lösung oder perfekte Intervention." Vielmehr könnte man von einer Art Schweizer-Käse-Modell sprechen: Indem man in der Praxis verschiedene Ansätze anwendet, viele Scheiben Käse aufeinanderlegt, kann man die einzelnen Lücken der jeweiligen Methode überdecken und insgesamt mehr bewirken.[155]

Ich halte den Befund dieser groß angelegten Untersuchungen für bemerkenswert, etwa dass selbst der Hinweis auf simple Medienkompetenztipps bereits eine positive Wirkung zeigte. Das legt für mich den Schluss nahe: Auch wenn keine dieser Methoden für sich genommen eine Gesamtlösung ist, tragen sie zur Verbesserung bei. Und man kann auch im eigenen Bekanntenkreis, in der Familiengruppe auf WhatsApp oder über das eigene Instagram-Profil solche Tipps für Medienkompetenz – zum Beispiel vor einem wichtigen Wahltag – teilen. Wenn Sie etwa nach "#StopFakeNews bpb" googeln, finden Sie einige Medienkompetenz-Tipps der deutschen Bundeszentrale für politische Bildung, wie man Desinformation erkennt.[156]

2. Menschen brauchen Erklärungen!

Kontern von Falschmeldungen kann sinnvoll sein, nur geht es auch um das Wie – also die Art und Weise, wie man die Irreführung entlarvt. So empfehlen Fachleute, nach Möglichkeit eine Erklärung zu liefern, was anstelle der falschen Behauptung der wirkliche Hintergrund eines Vorfalls war.[157] Nehmen wir noch mal die falsche Behauptung, dass das Foto von der Demo in Köln KI-generiert sein könnte. Dass ein Baum mitten im Januar grün aussieht, als ob er blühen würde, hat für Irritation gesorgt. In solchen Fällen lohnt es sich, den Kontext zu liefern: dass nicht der Baum grün blühte, sondern das Lokal daneben eine Abendbeleuchtung verwendete, die ihr Umfeld grün anstrahlte. Dort, wo man eine kausale Erklärung hat, was wirklich passiert ist, sollte man diese liefern – das scheint die falsche Aussage besser zu verdrängen.[158]

Allerdings kennen wir nicht immer alle Hintergründe eines Geschehens. Beispielsweise kursierte nach dem mörderischen Terroranschlag der Hamas am 7. Oktober 2023 auf die israelische Zivilbevölkerung online ein Video, das Kleinkinder in Käfigen zeigte. Dazu wurde die Falschmeldung verbreitet, die Hamas würde entführte Kinder in Käfige sperren. Es stellt sich heraus, das Video wurde schon vor dem 7. Oktober hochgeladen. Man weiß bis heute nicht, aus welchem Land die Kinder in diesem Käfig stammen, nur hat das nichts mit dem konkreten Terroranschlag zu tun. Die Tageszeitung *USA Today* schreibt: „Die Nationalität der Kinder ist unklar, aber es gibt keinen Hinweis darauf, dass sie Israelis sind."[159] Ein guter Faktencheck ist nachvollziehbar. Das heißt, er sagt nicht einfach, Behauptung XYZ ist falsch. Sondern er macht verständlich, was wirklich passiert ist, oder aber er erklärt die Schlussfolgerung, anhand derer man erkennen kann, dass eine konkrete Behauptung falsch sein muss.[160]

Tipp

Will man Falsches einordnen, bietet sich die Technik des „Truth Sandwich" an. Die Idee stammt von dem Linguisten George Lakoff: Man beginnt mit einer wahren Information.

Erst danach geht man auf die falsche Behauptung ein. Dann korrigiert man diese und schließt wieder mit einer wahren Information. Hier ein Beispiel:

2021 tritt Annalena Baerbock als Spitzenkandidatin der Grünen bei der deutschen Bundestagswahl an, und prompt erscheinen Falschmeldungen über sie (→ richtige Information). Unter anderem gibt es ein gefälschtes Zitat, welches suggeriert, sie hätte ein Ende der Haustierhaltung, also ein Hundeverbot, gefordert (→ Erwähnung der falschen Behauptung). Das ist frei erfunden. Es findet sich keine Quelle für diese Äußerung, sondern es passiert sehr häufig, dass Politikerinnen und Politiker mit falschen Zitaten verächtlich gemacht werden (→ wieder eine richtige Information).[161]

Das Truth Sandwich ist eine Methode, mit der man sich selbst daran erinnern kann, nicht Falsches an erster Stelle sichtbar zu machen, sondern die richtige Information in die Auslage zu stellen und aktiv zu wiederholen.[162]

3. Auf rhetorische Ablenkungsversuche aufpassen

Eine letzte Anmerkung: Ich halte es für essenziell, an dem Wert von Fakten festzuhalten. Denn meines Erachtens wird oft so getan, als sei alles nur eine Ansichtssache – als gäbe es keinen substanziellen Unterschied zwischen Meinungen und Fakten. Das wahrscheinlich bekannteste Beispiel dafür lieferte die damalige Trump-Beraterin Kellyanne Conway mit ihrer Anregung im Jahr 2017, es gäbe nicht nur Fakten, sondern auch „alternative Fakten".[163] Das ist natürlich grotesk. Denn das Wesensmerkmal von Fakten ist, dass es sich um Aussagen handelt, deren Richtigkeit auch überprüfbar ist (etwa: Angela Merkel war 16 Jahre lang deutsche Bundeskanzlerin). Bei Meinungsfragen geht es hingegen um persönliche Sichtweisen (etwa: ob man Angela Merkel sympathisch findet), sie entziehen sich einer objektiven Überprüfung. Und wenn wiederum etwas überprüft werden kann, sich aber als falsch herausstellt, dann handelt es sich um eine Fehlinformation. Es ist zum Beispiel keine Meinungsfrage, ob Donald Trump die US-Wahl im Jahr 2020 verloren hat: Das ist Fakt.

Doch eine weitere Technik, Fakten als solche unkenntlich zu machen, ist, dass man eine Vielzahl verschiedener Theorien oder Themen in den Raum stellt, sodass ein Teil der Bevölkerung den Überblick verliert: Wer hat was gesagt, was ist wirklich passiert? Russische Propaganda greift seit Jahren zu diesem Trick. Zum Beispiel wurden 2022 in Butscha, einem Vorort Kiews, nach dem Abzug des russischen Militärs hunderte Leichen – auch von Zivilist:innen – gefunden. Prorussische Kanäle verbreiteten daraufhin verschiedenste verharmlosende Theorien. So wurde suggeriert, die gefilmten Leichen wären nicht echt, es würde sich um eine Inszenierung handeln. Oder es wurden zeitliche Ungereimtheiten unterstellt, die Zweifel wecken sollten. Aber Recherchen internationaler Medien bestätigten den Fund der Leichen in Butscha.[164]

Die pure Quantität von Behauptungen kann für Ablenkung vom eigentlichen Thema sorgen. Übrigens müssen bei dieser Technik nicht einmal wirkliche Falschmeldungen verbreitet werden, es kann auch reichen, viele kräftige Meinungen einzustreuen. Trumps ehemaliger Wahlkampfleiter Steve Bannon hat diesen Trick des Zutextens mit verwirrendem Material einmal derb, aber passend als „flood the zone with shit“ bezeichnet.[165]

Empfehlung

Was kann man gegen solche Ablenkungsmanöver unternehmen? Erstens erscheint es mir sinnvoll, genau solche Taktiken aufzuschlüsseln, Menschen, zum Beispiel auch Jugendlichen im Unterricht, Tricks wie „flood the zone with shit“ zu erklären. Hat man diese Methode verstanden, kann der Blick leichter wieder auf den eigentlich wichtigen Vorfall gerichtet werden: Moment, wovon wollte diese Aussage gerade ablenken?

Zweitens habe ich eine grundsätzliche Empfehlung: Mir persönlich hilft es zur Ordnung meiner eigenen Gedanken, wenn ich nüchtern über ein Streitthema nachdenke und mich frage, worum geht es hier im Kern, welcher Teil der Debatte ist faktisch überprüfbar, welcher Teil sind Meinungen. Nehmen wir das Klimathema. Der Ausgangspunkt, weshalb so viel über das Klima diskutiert wird, ist: Die Erde wird messbar heißer. Messinstitute in unterschiedlichen Ländern gelangen zu dem Befund, dass die Oberflächentemperatur der Erde seit den 1970er-Jahren pro Jahrzehnt um rund 0,2 Grad Celsius steigt. Das mag im ersten Moment nach wenig klingen, ist aber historisch gesehen ein hoher Wert. Schaut man sich Auswertungen der Erdtemperaturen in den vergangenen 2000 Jahren an, dann findet sich in diesem langen Zeitraum keine einzige 50-Jahres-Periode, innerhalb derer sich die Erdoberfläche dermaßen rasch erwärmte. Und hier werden auch lokale Unterschiede gemessen: Beispielsweise nehmen in Europa die Landtemperaturen noch schneller zu als im globalen Schnitt. Diese Angaben stammen von der Europäischen Umweltagentur, also einer offiziellen Einrichtung für Umweltinformation.[166]

Meinungsfragen hingegen sind: Wie sehr will ich selbst in meiner Lebensführung auf die Klimakrise reagieren, zum Beispiel will ich aus Rücksicht auf das Klima weniger Fleisch essen oder andere Schritte setzen? Oder allgemeiner: Wie denkt man darüber, dass Benzin und Diesel besteuert werden, Flugzeugkerosin jedoch nicht?[167] Bei vielen Themen, einschließlich der Klimadebatte, wären wir schon wesentlich weiter, wenn wir zumindest nicht über Fakten streiten müssten, beispielsweise, ob ein reales Problem existiert, sondern uns mit der Abwägung verschiedener Lösungsansätze beschäftigen. Allein das Erinnern an Basic Facts, an die grundlegenden Fakten, hilft mir persönlich oft schon, dass ich mich in einer Thematik nicht zu sehr von rhetorischen Nebelgranaten ablenken lasse.

Damit wir als Gesellschaft auch schwierige und vielschichtige Diskussionen führen können, ist Medienkompetenz wichtig. Und, dass bereits die Schulen diesen essenziellen Unterschied zwischen Fakten und Meinungen verständlich machen. Deutschland führte eine Sonderauswertung zu den PISA-Ergebnissen des Jahres 2018 durch. Es stellte sich heraus, dass viele Schülerinnen und Schüler beim digitalen Lesen Schwächen haben. Nur 45 Prozent von ihnen sind demnach in der Lage, in einem Online-Text Fakten von Meinungen zu unterscheiden (der OECD-Durchschnitt lag bei 47 Prozent, für Österreich gibt es leider keine Auswertung). Der Bericht hielt auch fest, dass deutsche Jugendliche etwas seltener als im OECD-Schnitt angaben, dass sie in der Schule beigebracht bekamen, wie man feststellen kann, ob Informationen subjektiv oder voreingenommen sind.[168] Dies legt den Schluss nahe, dass hier der Unterricht noch mehr

Medienkompetenz fördern könnte. Medienkompetenz auszubauen, lässt sich als Beitrag gegen eine Verrohung der Debattenkultur verstehen: Solche Unterrichtseinheiten schärfen beispielsweise den Blick, woran man Polemik, irreführende Argumente oder auch reißerische Überschriften erkennt. Und ein solcher kritischer Blick kann in einzelnen Situationen davor bewahren, sich zu einem vorschnellen Urteil hinreißen zu lassen.

KAPITEL 7

Beharrlich für Demokratie eintreten

Eine Sache lässt sich von manchen der provokativen Stimmen in der Politik oder sogar von rechtspopulistischen Kanälen auf Social Media lernen: Beharrlichkeit. Denn abgesehen von den gezielten Eskalationen und dem Einsatz einer „Wir gegen die"-Rhetorik, die von solchen Personen an den Tag gelegt werden, muss ich anmerken: Viele von ihnen kommunizieren fleißig und stringent die eigenen Botschaften. Und wie wir gerade in Kapitel 6 gesehen haben: Die Wiederholung ist ein mächtiges rhetorisches Instrument. Zum Abschluss dieses Buchs möchte ich noch drei Anregungen geben, für jene, denen das verrohte Diskussionsklima nicht behagt, oder die sich womöglich ab und zu in hitzig geführten Diskussionen wiederfinden und vielleicht mitunter ein Gefühl der Überforderung spüren. Was kann man machen, um effizienter die eigene Position zu vertreten oder weniger frustriert aus schwierigen Gesprächen zu gehen?

NIEMAND MUSS ALLES ALLEINE MACHEN

Einige Menschen, die sehr faktengetreu kommunizieren, vertrauen darauf, dass sich Fakten schon von selbst durchsetzen würden. Ich bin da skeptisch, denn wir befinden uns oft nicht in Diskussionsräumen mit fairen Regeln, mit einer so respektvollen und sachorientierten Grundstimmung, dass sich das bessere Argument letztlich behaupten kann. In einer solchen idealen Debattenkultur würde der „eigentümlich zwanglose Zwang des besseren Arguments" eintreten, wie es der Philosoph Jürgen Habermas nennt.[169] Doch wie gesagt, häufig ist dies nicht der Fall, stattdessen finden wir uns inmitten hitzig geführter Debatten wieder. Aber zwei Dinge können wir tun: Erstens lernen, innerhalb eines chaotischen und von rhetorischen Nebelgranaten belasteten Diskurses Diskussionstaktiken anzuwenden, die eine Spur effizienter sind. Ich habe ein paar solcher Ansätze in diesem Buch beschrieben. So kann man bei Themen, zu denen Irreführendes kursiert, auf die Methode des Truth Sandwich zurückgreifen, welche die richtigen Informationen in den Vordergrund rückt. Oder es lohnt sich, konkrete Ablenkungstaktiken – wie den Einsatz von „Strategisch Notwendigem Unsinn" oder Ad-hominem-Argumente – anderen aufzuzeigen oder einzuordnen, welches Kalkül potenziell hinter politischen Äußerungen steckt. Auch das ist bereits eine Form der Gegenwehr, dass man die Debatte weg von Provokationen oder Ablenkungsmanövern hin auf eine analytischere Ebene verschiebt.

Das Zweite, das wir tun können: Diskussionsräume finden oder neu schaffen, in denen sehr wohl der „zwanglose Zwang des besseren Arguments" herrscht. Vielleicht erinnern Sie sich: Zu Beginn des Buchs habe ich von der „lagerübergreifenden Empathie" berichtet, die in dieser Untersuchung Menschen dabei half, ihre Argumente eher so auszurichten, dass sie auch die Perspektive anderer berücksichtigten oder in ihrer Tonalität versöhnlicher auftraten. Dies hatte zur Folge, dass die Argumente für Andersdenkende ein Stück weit überzeugender klangen. Man kann überdies eine gemeinsame Gruppenzugehörigkeit nutzen, um wieder sachlicher und respektvoller mit Andersdenkenden ins Gespräch zu kommen. Selbst einem Werbespot für eine Biermarke gelang es, das Gefühl der Feindseligkeit zu verringern.

Es war mir ein Anliegen, solche Beispiele zu präsentiereyn, die Chancen aufzeigen, die Polarisierung zu verringern oder eigene Argumente leichter zugänglich zu machen. Wenn man als Bürger oder Bürgerin erschüttert davon ist, wie aggressiv und unfair viele politische Debatten ablaufen, und wenn man dem zumindest eine Spur entgegenwirken möchte, kann man aus solchen Beobachtungen eigene, zu einem selbst passende Taktiken ableiten. Das kann bedeuten, dass man etwa im eigenen Umfeld gezielt Diskussionsräume sucht oder neu errichtet, in denen „universale moralische Achtung" gezeigt wird. Oder einfach da sein: Schon jetzt gibt es viele Privatpersonen, die, wenn es zu Wutwellen und Hasskampagnen gegen einzelne Menschen online wie offline kommt, ihre Solidarität mit den Betroffenen ausdrücken und ihnen den Rücken stärken. Mir gefällt, was die Userin Maja erzählte: Sie hat gemerkt, dass ihr die wütend geführten, polarisierten Debatten auf Social Media nicht guttun. Aber sie ist weiterhin ein politisch denkender Mensch, sie ruft gezielt ihre Freundinnen und Freunde durch und verabredet sich auf einer Demo, um für das, was ihr wichtig ist, auf der Straße sichtbar zu sein.

Darin steckt für mich auch die Lektion: Es ist sinnvoll, für sich selbst zu überlegen, welche Form des gesellschaftlichen Engagements zu einem passt. Für manche kann es zu belastend sein, die hitzig geführten Diskussionen auf Facebook, Telegram und Co. zu verfolgen. Andere wiederum haben womöglich wenig Zeit, aber genügend Geld, dass sie wichtigen zivilgesellschaftlichen Einrichtungen helfen können. Oder vielleicht gibt es Offline-Protest und engagierte Gruppen im eigenen Ort, die einem gefallen. Auch wenn man gesellschaftlich engagiert sein möchte, muss niemand alles im Alleingang tun. Ein Zugang kann sein, sich aus der breiten Palette eine sinnvolle Beschäftigung herauszusuchen, die einem Freude macht und für die man die passenden Ressourcen hat.

Die derzeitige Situation, dass beispielsweise Rechtsextreme und ihre Erzählungen sehr sichtbar in der öffentlichen Debatte sind, erscheint mir ernüchternd. Aber es ist ein Hoffnungsschimmer, dass zu Beginn 2024 etwa zwei Millionen Menschen in Deutschland gegen Rechtsextremismus auf die Straße gingen.[170] Das zeigt, wie groß das zivilgesellschaftliche Engagement ist. Natürlich kann man nicht im Alleingang das Problem einer verrohten Diskussionskultur lösen. Sehr wohl aber kann jede und jeder Einzelne ein Stück weit dazu beitragen, besser ins Gespräch zu kommen oder unfaire Methoden der Polarisierung aufzuschlüsseln. Es braucht eben auch einen beharrlichen Einsatz für demokratische Werte – alle Errungenschaften unserer pluralistischen Gesellschaft gibt es auch nur deshalb, weil sich Menschen in der Vergangenheit dafür hartnäckig eingesetzt haben.

REALISTISCHE ZIELE HELFEN

Was wir alle für eine bessere Diskussionskultur tun können, ist, hoffnungsvoll zu sein, aber sich dabei realistische Ziele zu setzen. Ich habe berichtet, dass Faktenchecks eine positive Wirkung zeigen. Nur ist es nicht so, dass Faktenchecks bei hundert Prozent des Publikums wirken, sondern sie erhöhen lediglich die Wahrscheinlichkeit, dass ein größerer Teil des Publikums eine Sache versteht. Und nehmen wir die erfolgreichen Ansätze zur Verringerung der Polarisierung: Sie lassen Feindseligkeit nicht komplett verschwinden, sondern reduzieren diese in einigen Fällen. Das heißt leider auch: Selbst wenn man sehr einfühlsam auftritt, Ratschläge für eine sachliche Verständigung ernstnimmt, wird man mit manchen Personen frustrierende Momente erleben, die partout nicht zuhören wollen oder sich einem Gespräch verweigern. Selbst innerhalb von Familien kann es zur Spaltung rund um manche Themen kommen, was sich belastend anfühlt. Wir diskutieren oft, weil wir hoffen, dass am Ende alle die gleiche Sichtweise wie wir selbst haben oder alle verstehen, wie wichtig ein Thema ist (etwa die Klimakrise oder der Einsatz gegen Diskriminierung). Zu unserer vielschichtigen Gesellschaft gehört dazu, dass wir niemals hundert Prozent Einigkeit erzielen werden.

Mein Tipp ist deshalb: Sich niedrigere, aber realistischere Ziele setzen. Dann erlebt man auch eher Erfolgsmomente. Bleiben wir kurz bei den Streitthemen innerhalb der Familie. Es kann sein, dass es einem nie gelingen wird, ein geliebtes Familienmitglied von einer menschenfeindlichen Sichtweise oder vom Glauben an eine Falschmeldung abzubringen. Aber vielleicht schafft man es, für andere in der Familie die Sachlage oder das Verletzende an einer Sichtweise besser verständlich zu machen. Auch Schlimmeres zu verhindern, kann ein Erfolg sein. Sich niedrige Ziele zu stecken, hilft, weiterhin motiviert zu bleiben: Ich selbst diskutiere zum Beispiel immer wieder mit Menschen, die in ihrer Weltsicht ganz woanders stehen. Manchmal telefoniere ich mit

Userinnen und Usern, die online heftige Meinungen äußern, weil mich interessiert, weshalb sie diese Sichtweise vertreten oder welche Argumente für sie besonders überzeugend klingen. Ich selbst verbuche es sogar schon als Erfolg, wenn ich ein Stück weit durch solche Gespräche dazulernen darf – zum Beispiel ist es aufschlussreich, eine andere Weltsicht besser zu verstehen; oder man kann rhetorisch in diesem Austausch üben, wie man eigene, konträre Argumente einbringt, aber Eskalation vermeidet.

Das bringt mich zur letzten Empfehlung dieses Buchs. Es ist möglich, zu lernen, etwas effizienter zu diskutieren. Beispielsweise gibt es Gesprächstechniken, die Umdenken bei anderen ein kleines Stück wahrscheinlicher machen. Skurril ist ja, dass wir Menschen den ganzen Tag damit verbringen, zu sprechen. Wir reden über Berufliches, über Privates, über organisatorische Details des Alltags. Aber mich wundert immer wieder, wie wenig Augenmerkmal wir als Gesellschaft auf die Kunst des Diskutierens an sich legen, etwa darauf, was Merkmale von konstruktiven Debatten sind oder ob es internationale Erfahrungen gibt, wie man andere eher zum Nachdenken bewegt. Denn solche Ansätze existieren. Gerade in einer Zeit, in der viele Menschen Sorge vor Spaltung und einer Abkehr von demokratischen Prinzipien haben, lohnt es sich, Wissen darüber zu verbreiten. Deshalb möchte ich mit der Vorstellung einer konstruktiven und anscheinend durchaus wirkungsvollen Gesprächstechnik dieses Buch beenden. Sie heißt Deep Canvassing, stammt aus den USA. Queere Aktivistinnen und Aktivisten haben diese Methode entwickelt und auch wissenschaftliche Studien stellen ihr ein gutes Zeugnis aus.

EINE GESPRÄCHSTECHNIK, DIE UMDENKEN LEICHTER MACHT

Beginnen wir mit der Erfindung dieser Gesprächstechnik. Einer ihrer Vertreter ist Steve Deline. Die Geschichte beginnt am 4. November 2008. An diesem Tag wurde nicht nur der Demokrat Barack Obama zum US-Präsidenten gewählt, sondern im Bundesstaat Kalifornien, wo Deline lebt, fand ebenso ein Referendum statt, ob die Ehe verfassungsrechtlich nur auf heterosexuelle Paare beschränkt sein soll. Es ging also dezidiert darum, gleichgeschlechtlichen Paaren das Recht auf Eheschließung, das ihnen teilweise zuvor gewährt worden war, wegzunehmen. Selbst im progressiven Kalifornien stimmte eine Mehrheit für diesen Vorschlag. Für Steve Deline brach an diesem Tag etwas zusammen: Er stammt aus der Mittelschicht, war eigentlich nach Los Angeles gekommen, um Filme zu machen, und er war im Vorfeld des Referendums erstmals politisch aktiv geworden, um dagegen zu mobilisieren. Doch dann stimmte eine Mehrheit gegen Steve Delines Recht, als Schwuler einen Mann zu heiraten. „Diese Erfahrung, dass Menschen gegen meine Rechte stimmen und Lügen über mich glauben, homophobe Desinformation, das war das erste Mal in meinem Leben, dass ich solche Entmachtung erlebt habe", sagt er. Das Gute ist: Als Reaktion auf die Abstimmung begann das LGBT Center in Los Angeles, konkret dessen Leadership Lab, eine neue Kampagnenform auszuprobieren: Deep Canvassing.

In den USA ist Canvassing („Stimmenfang") schon lange üblich. Man versteht darunter Hausbesuche, bei denen Helferinnen und Helfer einer Partei oder Lobbygruppe an der Tür klingeln und für ein Anliegen werben. Deep Canvassing ist eine besondere Form eines solchen Hausbesuchs: Man textet dabei das Gegenüber nicht mit Informationen zu, ganz im Gegenteil. Es wird in zehn bis zwanzig Minuten ein ergebnisoffenes Gespräch gesucht. Manche Deep-Canvassing-Kampagnen behandeln Minderheitenrechte, etwa Rechte von Eingewanderten oder von Menschen, die trans sind. Andere Deep-Canvassing-Kampagnen betreffen Themen wie Klimapolitik oder Steuerfragen. Denn auch diese Gebiete beinhalten emotionale und persönliche Anknüpfungspunkte, mittels derer man ein tieferes Gespräch suchen kann. „Ein Kernelement von Deep-Canvassing-Gesprächen ist: Wir klopfen an jemandes Tür oder wir rufen am Telefon an. Wir stellen uns vor und sagen: ‚Hallo, mein Name ist Steve, ich bin ehrenamtlicher Helfer bei soundso'", sagt Deline. Die Person an der Haustür oder am Apparat wird dann darauf angesprochen, wie sie über ein Thema denkt. Bewusst wird aber vermieden, zu fragen, ob jemand „für" oder „gegen" das jeweilige Anliegen ist. Stattdessen soll die Person auf einer Skala von 0 bis 10 angeben, wo sie sich inhaltlich sieht (0 bedeutet, man lehnt die Idee komplett ab).[171] Diese Skala ermöglicht es auch, Unentschiedenheit anzugeben.

Skala zur Selbsteinschätzung

0	1	2	3	4	5	6	7	8	9	10
dagegen				unentschieden			dafür			

Für Deline ist das ein wichtiger Punkt: „Das lädt Menschen ein, zu einem Thema ihre Gefühle in all ihrer Komplexität auszudrücken. Dass sie erklären, was sie bei einer Fragestellung in die eine Richtung oder in die andere Richtung anspricht. So wird ermöglicht, darüber zu reden, wie zwiespältig sich Menschen bei manchen Themen fühlen. Das ist deshalb so mächtig, weil wir nie Raum dafür bekommen. Wir haben keinen Raum in unserem Diskurs, um über die Gefühle und deren Komplexität bei kontroversen Themen zu sprechen."

Sie können sich solche Gespräche auf YouTube ansehen. Zum Beispiel steht ein Aktivist vor der Haustür einer Frau. In diesem Fall geht es um gesetzlichen Diskriminierungsschutz von Menschen, die trans sind. Die Frau an der Haustür ist tendenziell aufgeschlossen, schätzt sich selbst mit 6 ein. Aber sie wiederholt auch negative Vorurteile: Sie will nicht, dass sich Menschen, die trans sind, in der Nähe von Kindern befinden. Der Aktivist könnte natürlich prompt die Aussage kritisieren. Aber er tut etwas anderes, er geht tiefer ins Gespräch: Die beiden sprechen darüber, wo sie selbst schon Ausgrenzung oder Diskriminierung erlebt haben. Es stellt sich sogar heraus, dass die Frau eine Nichte hat, die trans ist. Eine Situation, mit der sich die Frau auch nach eigener Aussage schwertut. Im Laufe des Gesprächs merkt man aber, wie sehr das die Frau beschäftigt, wie sehr sie sich auch in die Perspektive ihrer Nichte hineinversetzt. Am Ende wird die Frau erneut gefragt, wo sie sich auf einer Skala von 0 bis 10 einstuft. Sie sagt: 10.[172]

Das ist natürlich ein besonders eindrucksvolles Beispiel, das dann prompt auf YouTube als Vorführmaterial geteilt wird. Aber auch wissenschaftliche Untersuchungen deuten darauf hin, dass Deep Canvassing manche Befragten zum Umdenken bewegt. Die Politologen David Broockman von der University of California, Berkeley, und Joshua Kalla von der Yale University haben 2016 eine solche Kampagne in Florida ausgewertet. Dort ging es um befürchtete Einschränkungen der Rechte von Menschen, die trans sind. Deep-Canvassing-Hausbesuche erwirkten durchschnittlich eine größere Aufgeschlossenheit gegenüber Personen, die trans sind. Und sogar noch drei Monate später waren solche Effekte messbar.[173] Auch eine Folgeuntersuchung zeichnet ein positives Bild dieser Methode.[174]

Ich muss hier zwei wichtige Einschränkungen machen. Erstens: Was die Aktivistinnen und Aktivisten in diesen Hausbesuchen hören, kann manchmal beunruhigend oder verletzend sein. Ich sprach nicht nur mit Steve Deline, sondern auch mit dessen Kollegen Drew Frye. Er erzählt, dass die aufgesuchten Personen an der Haustür manchmal mit homophoben oder transfeindlichen Aussagen starten: „Sie bringen womöglich als Erstes diese Argumente, die sie in Nachrichtensendungen gehört haben. Aber worüber wir dann wirklich reden wollen, ist: Wer bist du, wen kennst du? Was ist ein reales Erlebnis, das du in dem Zusammenhang hattest? Nicht irgendeine Geschichte aus den Nachrichten, die du gehört hast.“

Bei dieser Methode spielt auch Folgendes eine Rolle: Sie ist bewusst nicht konfrontativ. Nehmen wir den Aktivisten, der mit der Frau an der Haustür über Rechte von Menschen, die trans sind, spricht. Erst als das Gespräch schon sehr persönlich geworden ist, man eine gemeinsame Verständigungsebene gefunden hat, geht er auf die Aussage ein, dass Kinder Menschen fernbleiben sollten, die trans sind. Er spricht an, dass bei solchen Aussagen die sprichwörtlichen „Äpfel und Birnen“ miteinander verglichen werden – denn Sexualstraftäter:innen sind eine ganz andere Gruppe als Menschen, die trans sind, wie etwa die Nichte der Frau. Er ordnet damit die Aussage der Frau ein, tut es aber in einer Weise, die nicht die Person als Ganzes attackiert. Mein Eindruck ist: Deep Canvassing ist eine einfühlsame Diskussionsform, denn es geht nicht darum, recht zu haben und darauf zu beharren, sondern beim Gegenüber gedanklich etwas auszulösen, damit die Person selbst prüft, wie sie über ein Thema in dessen Vielschichtigkeit denkt.

Dazu passend sagte Drew Frye: „Wir haben sehr früh gelernt, dass die Magie des Gesprächs nicht darin liegt, dass man die richtigen Dinge sagt, wenn man vor der Haustür aufkreuzt. Sondern es geht darum, zuzuhören und eine Situation zu schaffen, in der sich eine Person eine Frage stellt, die sie sich bis dahin nicht gestellt hat. Ich erkläre es gerne so: Wir ändern Menschen nicht. In gewisser Weise halten Menschen selbst den Schlüssel in der Hand, was ihre eigene Wahrheit ist. Wir laden sie nur ein, sich mit dem auseinanderzusetzen.“

Steve Deline und Drew Frye sind Teil der New Conversation Initiative, einer Organisation, die Kampagnen berät, die Deep Canvassing anwenden wollen. Sie erzählten mir, dass sie mittlerweile auch von zivilgesellschaftlichen Gruppen bis in den deutschsprachigen Raum kontaktiert werden. Folgendes wollte ich von den beiden wissen: Können auch Leute, die nicht aus dem professionellen politischen Geschäft kommen, die keine großen politischen Kampagnen planen, von dieser Gesprächstechnik etwas lernen? Steve Deline meint, dass man auch als Einzelne oder Einzelner etwas aus ihren Erfahrungen mitnehmen kann. Er erzählt: „Als wir lernten, was funktioniert, wenn man mit Fremden an der Haustür spricht, haben wir uns entschlossen: Okay, wir fahren bald alle über die Feiertage heim und führen dann solche Gespräche mit Familienmitgliedern, zum Beispiel mit dem durchgeknallten Onkel oder der homophoben Cousine. Wir haben uns alle bereit erklärt, das auszuprobieren. Und niemand hat es gemacht. Wirklich niemand. Es war zu angsteinflößend." Das war ein Lernmoment. Das Jahr darauf fassten sie erneut diesen Vorsatz, aber gingen es diesmal strategischer an: Jede Person in ihrer Gruppe bekam einen Buddy zugewiesen, also eine Partnerin oder einen Partner, mit denen man vorab das Gespräch mit einem Familienmitglied planen und das dann telefonisch aufarbeiten konnte. Ebenso wurde die Strategie entwickelt: Man spricht nicht als Erstes mit der schwierigsten Person in der eigenen Familie. Zuerst übt man mit einem Familienmitglied, bei dem eine heftige Konfrontation eher unwahrscheinlich ist. Deline zum Beispiel sprach als Erstes mit seiner Tante, denn er nahm an, dass sie LGBT-Rechte unterstützt. Ein so tiefgehendes Gespräch aber hatte er noch nie mit ihr gesucht. Gerade für das Diskutieren-Üben ist das ein wichtiger Tipp: nicht mit den schwierigsten Fällen, sondern mit den leichteren Fällen anfangen.

Ich selbst habe aus dem Gespräch mit Steve Deline und Drew Frye zwei Dinge mitgenommen: Deep Canvassing ist ein interessanter Zugang, weil er Leuten ermöglicht, die Komplexität ihrer eigenen Gefühle und Einstellungen zu beleuchten – und manchmal ändern dann Personen ihre

Meinung, weil sie merken, dass dieses Nachjustieren der eigenen Ansichten besser zu ihren eigentlichen Werten passt. Mir erscheint es eine schöne Anregung, nach Diskussionsräumen zu suchen, in denen dieses offene, komplexe Nachdenken gefördert wird. Das Zweite ist: Übung und Unterstützung helfen. Selbst jene Aktivist:innen, die bereits Erfahrung in politischen Kampagnen gesammelt hatten, bekamen Bammel davor, solche Unterhaltungen in der eigenen Familie zu führen. Aber sie holten sich Buddys, sie übten diese Form von Austausch – und konnten dann in ihrer Familie solche persönlichen und wichtigen Gespräche führen. Kein Mensch ist verpflichtet, Methoden wie Deep Canvassing anzuwenden, aber wenn man manchmal sehr kontroverse oder schwierige Gespräche führen will oder führen muss, kann es inspirierend sein, derartige Techniken zu kennen.

VIELSCHICHTIGKEIT ZULASSEN

Im Rahmen der Recherche für dieses Buch habe ich selbst einiges gelernt. Ja, es ist sehr leicht, Diskussionen zur Eskalation zu bringen. Und spaltende Rhetorik wirkt leider oft genau so, wie sie intendiert war, nämlich als Keil. Aber gleichzeitig tauchte an vielen Stellen der Recherche auf, wie komplex trotz allem Menschen sind. Beispielsweise kann selbst ein simpler Appell an die Empathie gegenüber anderen dazu beitragen, dass manche Personen rassistische Postings wieder löschen. Und von Fachleuten aus der Psychologie haben wir gehört: We all contain multitudes. Menschen sind vielschichtig. Oder wie es Steve Deline, der aus der Praxis kommt, erklärt: Menschen haben oft komplexe Meinungen und Gefühle. Es ist eine simple, aber für mich eine bedeutungsvolle Erkenntnis. Was polarisierende Rhetorik im Grunde versucht, ist, die Komplexität der Welt und der Menschen darin auszublenden und stattdessen vieles in einer simplen Schwarz-Weiß-Optik darzustellen. Doch das Tolle ist: Wir können sehr wohl Wege finden, um Vielschichtigkeit und Komplexität sichtbar zu machen. Sei es, Gesprächstechniken einzusetzen, die darauf ausgerichtet sind, Komplexität zuzulassen und aufzuspüren, oder sei es, dass wir uns selbst an den Wert der Empathie gegenüber anderen erinnern. Das sind alles keine Wundermittel gegen brachiale Rhetorik: Aber diese Ansätze sind ein guter Ausgangspunkt, wollen wir weiterhin in einer pluralistischen, demokratischen Gesellschaft leben, in der die Vielschichtigkeit nicht als Ballast, sondern als Bereicherung gesehen wird.

Quellen und Anmerkungen

Bei Social-Media-Kommentaren wurden die originale Rechtschreibung und Zeichensetzung beibehalten. Übersetzungen aus dem Englischen stammen von Ingrid Brodnig.

1 DGE: Leitbild der Deutschen Gesellschaft für Ernährung e.V., online unter: https://www.dge.de/dge/leitbild-der-deutschen-gesellschaft-fuer-ernaehrung/

2 Florian Kain: Nur noch eine Wurst pro Monat für jeden!, online unter: https://www.bild.de/politik/inland/politik-inland/ernaehrungsverband-will-weniger-fleischkonsum-nur-noch-eine-currywurst-im-monat-84075944.bild.html

3 Markus Söder: Warum soll immer alles verboten werden? Was die Menschen essen (...), Tweet vom 27.5.23, online unter: https://twitter.com/Markus_Soeder/status/1662446043101896704

4 Eine erstklassige Analyse und nähere Beschreibung dieses Vorfalls finden Sie auf dem Online-Medium Uebermedien.de, siehe: Martin Rücker: Wenn aus der Currywurst eine Ente gemacht wird, online unter https://uebermedien.de/84877/wenn-aus-der-currywurst-eine-ente-gemacht-wird/

5 Caitlin Dewey: 6 in 10 of you will share this link without reading it, a new, depressing study says, online unter: https://www.washingtonpost.com/news/the-intersect/wp/2016/06/16/six-in-10-of-you-will-share-this-link-without-reading-it-according-to-a-new-and-depressing-study/

6 William J. Brady u. a.: An Ideological Asymmetry in the Diffusion of Moralized Content on Social Media Among Political Leaders, online unter: http://dx.doi.org/10.1037/xge0000532

7 Jill Jordan u. a.: What's the Point of Moral Outrage, online unter: https://www.nytimes.com/2016/02/28/opinion/sunday/whats-the-point-of-moral-outrage.html

8 Steffen Mau u. a.: Triggerpunkte. Konsens und Konflikt in der Gegenwartsgesellschaft. Berlin: Suhrkamp, S. 376

9 Marcus Bensmann u. a.: Geheimplan gegen Deutschland, online unter: https://correctiv.org/aktuelles/neue-rechte/2024/01/10/geheimplan-remigration-vertreibung-afd-rechtsextreme-november-treffen/

10 Deutscher Bundestag: Stenografischer Bericht, 150. Sitzung. Berlin, Mittwoch, den 31. Januar 2024, online unter: https://dserver.bundestag.de/btp/20/20150.pdf

11 Alice Weidel: „Wird der Bürger unangenehm, bezeichne ihn als rechtsextrem: Die Ampel führt eine beispiellose Verleumdungskampagne nicht nur gegen die einzige echte (…), Tweet vom 31.1.2024, online unter: https://twitter.com/Alice_Weidel/status/1752662685840265483

12 Der Standard: FPÖ plakatiert Haider-Wahlspruch aus 1994, online unter: https://www.derstandard.at/story/1216918644904/fpoe-plakatiert-haider-wahlspruch-aus-1994

13 Peter M. Nichols: FILM; In a Social Mirror, The Faces of Apes, online unter: https://www.nytimes.com/1998/08/30/movies/film-in-a-social-mirror-the-faces-of-apes.html

14 Starlog Magazine, Ausgabe 290, September 2001, S. 22

15 Anna K. Zinn u. a.: Social identity switching: How effective is it?, online unter: https://doi.org/10.1016/j.jesp.2022.104309

16 Henri Tajfel: Experiments in Intergroup Discrimination, online unter: https://www.jstor.org/stable/10.2307/24927662

17 Amélie Mummendey u. a.: Sozialpsychologische Determinanten – Gruppenzugehörigkeit und soziale Kategorisierung. In: Andreas Beelmann und Kai J. Jonas (Hg.): Diskriminierung und Toleranz. Psychologische Grundlagen und Anwendungsperspektiven. Wiesbaden: VS Verlag für Sozialwissenschaften 2019, online unter: https://doi.org/10.1007/978-3-531-91621-7_2

18 Viktor Marinov: Alte Falschbehauptung kursiert erneut: Julia Klöckner sagte nicht, dass Geflüchtete mehr Geld als Rentner bekommen, online unter: https://correctiv.org/faktencheck/2023/05/26/gefluechtete-rente-julia-kloeckner-mehr-geld/

19 Jay J. Van Bavel und Dominic J. Packer: The Power of Us. Harnessing our shared identities for personal and collective success. London: Headline Publishing Group 2021, S. 32

20 FPÖ TV: FPÖ-Neujahrstreffen 2024 – Die Rede von Herbert Kickl, YouTube-Video vom 13.1.24, online unter: https://youtu.be/SvhsEKQe3eQ

21 Foresight: Hintergrundgespräch 15.12.2023. Wie polarisiert ist die Gesellschaft?, online unter: https://www.demokratiemonitor.at/

22 Mau u. a., S. 215

23 Foresight, a.a.O.

24 ZDF: Klimaschutz starke finanzielle Belastung, online unter: https://www.zdf.de/nachrichten/politik/politbarometer-klimaschutz-kosten-belastung-ukraine-krieg-100.html

25 Luiza A. Santos u. a.: Belief in the Utility of Cross-Partisan Empathy Reduces Partisan Animosity and Facilitates Political Persuasion, online unter https://doi.org/10.1177/09567976221098594

26 Der Spiegel: Nigerias Präsident sorgt mit Millionenausgaben für Ärger in der Bevölkerung, online unter https://www.spiegel.de/wirtschaft/nigeria-praesident-sorgt-mit-millionenausgaben-fuer-aerger-in-der-bevoelkerung-a-e399a01f-e356-482c-93ce-e9a2bb168c2c

27 Ulrich Siegmund: #Fakten #Aufklärung #mutzurwahrheit (...), TikTok-Beitrag vom 12.2.24, online unter: https://www.tiktok.com/@mutzurwahrheit90/video/7334764924717010209

28 Bundesministerium für wirtschaftliche Zusammenarbeit und Entwicklung: Häufig gestellte Fragen an das Entwicklungsministerium, online unter: https://www.bmz.de/de/fragen-an-das-entwicklungsministerium#anc=id_200438_200438 und Deutscher Bundestag: Einbußen bei wirtschaftlicher Zusammenarbeit und Entwicklung, online unter: https://www.bundestag.de/dokumente/textarchiv/2024/kw05-de-wirtschaftliche-zusammenarbeit-977676

29 Ebd.

30 Ulrich Siegmund: #Fakten #Aufklärung #mutzurwahrheit #ulrichsiegmund (...), TikTok-Beitrag vom 16.2.24, online unter: https://www.tiktok.com/@mutzurwahrheit90/video/7336207899754056992

31 Franziska Lehnert: Bei diesen Argumenten solltest du in Diskussionen aufpassen, online unter: https://www.quarks.de/gesellschaft/scheinargumente-hier-solltest-du-in-diskussionen-aufpassen/

32 Marcus Bensmann u. a., a.a.O.

33 tagesschau.de: AfD Sachsen-Anhalt gesichert rechtsextremistisch, online unter: https://www.tagesschau.de/eilmeldung/afd-sachsen-anhalt-rechtsextremistisch-100.html

34 Ulrich Siegmund: #Freiheit #Klartext #mutzurwahrheit (...), TikTok-Beitrag vom 7.11.23, online unter: https://www.tiktok.com/@mutzurwahrheit90/video/7298763802575768865

35 Ulrich Siegmund: #Fakten #Irrsinn #mutzurwahrheit (...), TikTok-Beitrag vom 8.3.23, online unter: https://www.tiktok.com/@mutzurwahrheit90/video/7208254655032200454

36 Tanya Chen: On TikTok, creators farm rage to get clicks and make money. But it can be a fast race to the bottom, online unter: https://www.businessinsider.com/why-creators-rage-farm-on-tiktok-and-why-its-on-the-rise-2022-12

37 Jennifer S. Lerner und Larissa Z. Tiedens: Portrait of The Angry Decision Maker: How Appraisal Tendencies Shape Anger's Influence on Cognition, online unter: https://doi.org/10.1002/bdm.515

38 Hêlîn Dirik: Hä, was heißt denn Tone Policing?, online unter: https://missy-magazine.de/blog/2022/11/14/hae-was-heisst-denn-tone-policing/

39 Lerner und Tiedens, a.a.O.

40 Steven W. Webster: American Rage. How anger shapes our politics. Cambridge: Cambridge University Press 2020, S. 104

41 Ebd., S. 40

42 Ebd., S. 132

43 Timothy J. Ryan: What Makes Us Click? Demonstrating Incentives for Angry Discourse with Digital-Age Field Experiments, online unter: https://ssrn.com/abstract=1902693

44 Susannah B. F. Paletz u. a.: Emotional content and sharing on Facebook: A theory cage match, online unter: https://doi.org/10.1126/sciadv.ade9231

45 Giphy: Monkey Hug GIF, online unter: https://giphy.com/gifs/WwOJWHo1Dvd84

46 Marianna Pogosyan: Kama Muta: Being Moved by Love, online unter: https://www.psychologytoday.com/intl/blog/between-cultures/202304/kama-muta-being-moved-by-love

47 Beate Seibt u. a.: Touching the base: heart-warming ads from the 2016 U.S. election moved viewers to partisan tears, online unter: https://doi.org/10.1080/02699931.2018.1441128

48 David J. Grüning und Thomas W. Schubert: Emotional Campaigning in Politics: Being Moved and Anger in Political Ads Motivate to Support Candidate and Party, online unter: https://doi.org/10.3389/fpsyg.2021.781851

49 The Living Room Candidate: 2008 Obama vs. McCain, online unter: http://www.livingroomcandidate.org/commercials/2008/yes-we-can-web

50 Kaleigh Rogers: The Birther Myth Stuck Around For Years. The Election Fraud Myth Might Too., online unter: https://fivethirtyeight.com/features/the-birther-myth-stuck-around-for-years-the-election-fraud-myth-might-too/

51 Projekt Gutenberg: Aristoteles: Nikomachische Ethik, online unter: https://www.projekt-gutenberg.org/aristote/nikomach/niko0209.html

52 Stefan Niggemeier: Aber alle haben es sich doch vorstellen können!, online unter: https://uebermedien.de/1379/aber-alle-haben-es-sich-doch-vorstellen-koennen/

53 Diane Grimes: How to be Angry on the Internet (Mindfully), Part 2, online unter https://doi.org/10.21428/6ffd8432.cff9fef6

54 Polizei.de: Internetauftritte der Polizeien der Länder und des Bundes, online unter: https://www.polizei.de/Polizei/DE/Home/home_node.html

55 Bernhard Pörksen: Die große Gereiztheit. Wege aus der kollektiven Erregung. München: Carl Hanser Verlag 2018, S. 82

56 Richard Fletcher: The truth behind filter bubbles: Bursting some myths, online unter: https://reutersinstitute.politics.ox.ac.uk/news/truth-behind-filter-bubbles-bursting-some-myths

57 Samuel Bestvater: How U.S. Adults Use TikTok, online unter: https://www.pewresearch.org/internet/2024/02/22/how-u-s-adults-use-tiktok/

58 Colleen McClain u. a.: 2. Comparing highly active and less active tweeters, online unter: https://www.pewresearch.org/internet/2021/11/15/2-comparing-highly-active-and-less-active-tweeters/

59 Sofia Palzer-Khomenko: Inmitten einer lauten Minderheit, online unter: https://www.digitalreport.at/report-facebook/2018/02/14/inmitten-einer-lauten-minderheit/

60 M. J. Crockett: Moral outrage in the digital age, online unter: https://doi.org/10.1038/s41562-017-0213-3

61 Philip M. Fernbach und Leaf Van Boven: False polarization: Cognitive mechanisms and potential solutions, online unter: https://doi.org/10.1016/j.copsyc.2021.06.005

62 William J. Brady u. a.: How social learning amplifies moral outrage expression in online social networks, online unter: https://doi.org/10.1126/sciadv.abe5641

63 Theschnibblet: How much money does Jim carey actually (...), TikTok-Beitrag vom 22.11.22, online unter: https://www.tiktok.com/@theschnibblet/video/7168907127560424746

64 Chen, a.a.O.

65 Zeit Online: Trump bezeichnet Medien als „Feinde des Volkes", online unter: https://www.zeit.de/politik/ausland/2017-02/russland-leak-donald-trump-medien-michael-flynn

66 Brady u. a.: How social learning

67 Meta: Unser Ansatz für das Ranking im Facebook-Feed, online unter: https://transparency.fb.com/de-de/features/ranking-and-content/#why-we-use-personalized-ranking

68 Wall Street Journal: Inside TikTok's Algorithm: A WSJ Video Investigation, online unter: https://www.wsj.com/articles/tiktok-algorithm-video-investigation-11626877477

69 Maximilian Boeker und Aleksandra Urman: An Empirical Investigation of Personalization Factors on TikTok, online unter: https://doi.org/10.1145/3485447.3512102

70 Eine beeindruckende Erklärung der Algorithmen von Social-Media-Apps, die Inhalte vorschlagen, findet man hier: Arvind Narayanan: Understanding Social Media Recommendation Algorithms, online unter: https://knightcolumbia.org/content/understanding-social-media-recommendation-algorithms Ergänzend sei auch noch angemerkt: Insgesamt handelt es sich bei vielen Sorgen rund um Algorithmen nicht um Gewissheit, sondern um Verdachtsmomente. Ein großes Problem ist, dass die großen Plattformen noch immer zu wenig unabhängige Forschung erlauben. Siehe z. B.: Aleksandra Urman u. a.: The right to audit and power asymmetries in algorithm auditing, online unter: https://doi.org/10.1140/epjds/s13688-024-00454-5

71 Johannes Hillje hat mir diese Daten zur Verfügung gestellt. Eine frühere Auswertung findet man auch hier: Nils Metzger: AfD hängt alle anderen Parteien auf TikTok ab, online unter: https://www.zdf.de/nachrichten/politik/deutschland/afd-tiktok-erfolg-strategie-jugendliche-100.html

72 Über dieses Thema habe ich auf der Konferenz re:publica 2018 einen Vortrag gehalten, den man hier nachlesen kann: https://www.brodnig.org/2018/05/08/warum-sind-die-rechten-so-hip-im-netz/

73 William J. Brady u. a.: Algorithm-Mediated Social Learning in Online Social Networks, online unter: https://doi.org/10.1016/j.tics.2023.06.008

74 Nur ein Beispiel: Die *New York Times* hat schon 2020 berichtet, dass Facebook ein System getestet hat, bei dem zuerst User:innen Inhalte auf Facebook nach der Frage bewerten mussten: „Sind sie ‚gut für die Welt' oder ‚schlecht für die Welt'?" Und dann wurde ein Algorithmus trainiert, der Inhalte, die potenziell schlecht für die Welt sind, erkennen und diese weniger prominent im News Feed anzeigen sollte. Der Algorithmus konnte das anscheinend recht gut. Nur stellte sich heraus: Danach verringerte sich die Zahl, wie oft Leute Facebook aufriefen. Daraufhin soll laut dem Bericht Facebook dieses System nicht eingeführt haben, sondern eine abgeschwächte Variante davon, die manche dieser Inhalte im Feed beließ. Siehe: Kevin Roose u. a.: Facebook Struggles to Balance Civility and Growth, online unter: https://www.nytimes.com/2020/11/24/technology/facebook-election-misinformation.html

75 Prosocial Design Network: About Us, online unter: https://www.prosocialdesign.org/about

76 Prosocial Design Network: Reminder of Norms, online unter: https://www.prosocialdesign.org/library/reminder-of-norms Sowie: J. Nathan Matias: Preventing harassment and increasing group participation through social norms in 2,190 online science discussions, online unter: https://doi.org/10.1073/pnas.1813486116

77 Hunt Allcott u. a.: The Welfare Effects of Social Media, online unter: https://doi.org/10.1257/aer.20190658 Und: Nejla Asimovic u. a.: Testing the effects of Facebook usage in an ethnically polarized setting, online unter: https://doi.org/10.1073/pnas.2022819118

78 Michele L. Ybarra u. a.: Online social support as a buffer against online and offline peer and sexual victimization among U.S. LGBT and non-LGBT youth, online unter: https://doi.org/10.1016/j.chiabu.2014.08.006

79 Sina Blassnig u. a.: Populism and Social Media Popularity. How Populist Communication Benefits Political Leaders on Facebook and Twitter. In: Richard Davis und David Taras (Hg.): Power Shift? Political Leadership and Social Media. Abingdon: Routledge 2020, 97-111.

80 Sophia Spyropoulos: Warum sich Geflüchtete nicht einfach so die Zähne neu machen lassen können, online unter: https://www.mdr.de/nachrichten/deutschland/gesellschaft/faktencheck-aeusserung-merz-gefluechtete-zahnarzt-leistungen-asylbewerber-100.html Es gibt auch an der Art, wie manche Faktenchecks verfasst wurden, Kritik: Frederik von Castell: So war das mit den Faktenchecks nicht gedacht, online unter https://uebermedien.de/88669/so-war-das-mit-den-faktenchecks-nicht-gedacht/

81 Siehe: Sina Blassnig u. a.: Hitting a Nerve: Populist News Articles Lead to More Frequent and More Populist Reader Comments, online unter: https://doi.org/10.1080/10584609.2019.1637980

82 Claes H. de Vreese u. a.: Adapting to the Different Shades of Populism. Key Findings and Implications for Media, Citizens, and Politics. In: Carsten Reinemann u. a. (Hg.): Communicating Populism. Comparing Actor Perceptions, Media Coverage, and Effects on Citizens in Europe. Abingdon: Routledge 2019, 235-252

83 ZAZH – Universität Zürich: Welche Rolle haben die Medien (...), YouTube-Video vom 5.5.20, online unter: https://youtu.be/V6YqG4GTkm0

84 Harry G. Frankfurt: The Importance of What We Care About, online unter: https://doi.org/10.1017/CBO9780511818172 (diese Essay-Sammlung beinhaltet auch den ursprünglichen Text, den Frankfurt in den 1980er-Jahren verfasste)

85 Ann-Katrin Müller: Jedes Mal der selbe Quark: AfD empfiehlt Menschen, NICHT per Briefwahl zu wählen (...), Tweet vom 24.9.23, online unter: https://twitter.com/akm0803/status/1706001546649940241

86 De Vreese u. a., S. 245

87 Jenny Odell: How to Do Nothing: Resisting the Attention Economy. London: Suite 2000 2019, S. 176

88 David J. Grüning u. a.: Directing smartphone use through the self-nudge app one sec, online unter https://doi.org/10.1073/pnas.2213114120

89 William J. Brady u. a.: Overperception of moral outrage in online social networks inflates beliefs about intergroup hostility, online unter: https://doi.org/10.1038/s41562-023-01582-0. In dieser Studie sah man: User:innen, die besonders viel Zeit auf Twitter verbringen, um sich über Politik zu informieren, überschätzen eher die Polarisierung anderer.

90 Matthew Levendusky: Our Common Bonds. Using What Americans Share to Help Bridge the Partisan Divide. London: University of Chicago Press 2023, S. 108

91 Ebd., S. 112

92 Markus Wagner und Jakob-Moritz Eberl: Divided by the Jab: On the Nature, Origins, and Consequences of COVID-19 Vaccination Identities, online unter: https://doi.org/10.1080/17457289.2024.2352449

93 The Center for Politics: New Initiative Explores Deep, Persistent Divides Between Biden and Trump Voters, online unter: https://centerforpolitics.org/crystalball/new-initiative-explores-deep-persistent-divides-between-biden-and-trump-voters/

94 Pew Research Center: As Partisan Hostility Grows, Signs of Frustration With the Two-Party System, online unter: https://www.pewresearch.org/politics/2022/08/09/as-partisan-hostility-grows-signs-of-frustration-with-the-two-party-system/

95 United States Attorney's Office, District of Columbia: Three Years Since the Jan. 6 Attack on the Capitol, online unter: https://www.justice.gov/usao-dc/36-months-jan-6-attack-capitol-0

96 Timothy Snyder: The Bloodbath Candidate, online unter: https://snyder.substack.com/p/the-bloodbath-candidate

97 Jan G. Voelkel u. a.: Megastudy identifying effective interventions to strengthen Americans' democratic attitudes, online unter: http://dx.doi.org/10.31219/osf.io/y79u5

98 Die Forschenden rund um Jan Voelkel haben den Heineken-Werbespot hochgeladen, siehe: https://tinyurl.com/2hd6zyy5. Laut Medienberichten sind die im Spot gezeigten Personen reale Menschen, die ihre persönlichen Sichtweisen im Video äußern. Mehr Hintergrund gibt es hier: Contagious: Insight & Strategy: Worlds Apart, online unter: https://www.contagious.com/news-and-views/insight-strategy-worlds-apart

99 Levendusky, S. 66f.

100 Thomas Pettigrew und Kerstin Hammann: Gordon Willard Allport: The Nature of Prejudice. In: Samuel Salzborn (Hg.): Klassiker der Sozialwissenschaften. 100 Schlüsselwerke im Portrait. 2. Auflage. Wiesbaden: Springer VS 2016, S. 194

101 Gordon W. Allport: The Nature of Prejudice. Boston: The Beacon Press 1954, S. 489. Sowie: Inbal Ben-Ezer: Contact Theory with No Contact: Facilitating Dialogue Online, online unter: https://doi.org/10.3929/ethz-b-000619278

102 Ryan Williams-Jent: Robert Jones Jr. cultivates community with ‚Son of Baldwin,' ‚The Prophets', online unter: https://watermark-online.com/2021/02/25/robert-jones-jr-cultivates-community-with-son-of-baldwin-the-prophets/

103 Seyla Benhabib: Selbst im Kontext. Kommunikative Ethik im Spannungsfeld von Feminismus, Kommunitarismus und Postmoderne. Frankfurt am Main: Suhrkamp 2015, S. 40

104 UNICEF: How to talk to your children about hate speech, online unter: https://www.unicef.org/parenting/how-talk-your-children-about-hate-speech

105 Sara K. Yeo: The effect of comment moderation on perceived bias in science news, online unter: https://doi.org/10.1080/1369118X.2017.1356861

106 Ashley A. Anderson u. a.: The „Nasty Effect:" Online Incivility and Risk Perceptions of Emerging Technologies, online unter: https://doi.org/10.1111/jcc4.12009. Eine Schweizer Studie suchte ebenfalls nach dem Nasty Effect, konnte diesen aber nur zu sehr begrenztem Grad finden. Siehe: Fabienne Hänsli u. a.: Gibt es den „Nasty Effect"? Replikation und Erweiterung der Modellstudie zur Wirkung von Inzivilität im Diskurs zu Schlüsseltechnologien, online unter: https://nbn-resolving.org/urn:nbn:de:0168-ssoar-66242-2

107 Bundestag, a.a.O. Und: Gabor Halasz: Der versteckte Spitzenkandidat, online unter: https://www.tagesschau.de/inland/innenpolitik/afd-wahlkampfauftakt-102.html Dass Spitznamen ein populistischer Kommunikationsstil sind, findet man hier: Nicole Ernst u.a.: Favorable Opportunity Structures for Populist Communication: Comparing Different Types of Politicians and Issues in Social Media, Television and the Press, online unter: https://doi.org/10.1177/19401612188194

108 oe24.at: Kickl sieht „Landeshauptmann Abwerzger", online unter: https://www.oe24.at/oesterreich/politik/kickl-sieht-landeshauptmann-abwerzger/523420703

109 FPÖ-TV: Hartberger Oktoberfest 2023: Die komplette Rede von Herbert Kickl, YouTube-Video vom 2.10.23, online unter: https://youtu.be/GiAifvY1JN0

110 FPÖ-TV: FPÖ-Neujahrstreffen 2024

111 Irin Carmon: Donald Trump‘s Worst Offense? Mocking Disabled Reporter, Poll Finds, online unter: https://www.nbcnews.com/politics/2016-election/trump-s-worst-offense-mocking-disabled-reporter-poll-finds-n627736

112 Kevin Quealy: The Complete List of Trump’s Twitter Insults (2015-2021), online unter: https://www.nytimes.com/interactive/2021/01/19/upshot/trump-complete-insult-list.html

113 Jennifer Mercieca: Demagogue for President. College Station: Texas A&M University Press 2020, S. 9

114 Ebd., S. 32

115 Nick Corasaniti und Maggie Haberman: Donald Trump Suggests ‚Second Amendment People‘ Could Act Against Hillary Clinton, online unter: https://www.nytimes.com/2016/08/10/us/politics/donald-trump-hillary-clinton.html

116 Mercieca, S. 147

117 Ebd., S. 31

118 Eugene Kiely: Trump Distorts Clinton’s Gun Stance, online unter: https://www.factcheck.org/2016/05/trump-distorts-clintons-gun-stance/

119 Lehnert, a.a.O.

120 Bundestag, a.a.O.

121 Herbert Kickl: Brisant: ÖVP schützt Vergewaltiger und Mörder, Facebook-Reel vom 24.3.24, online unter: https://www.facebook.com/reel/808518064651721

122 Der Standard: Keine Mehrheit für Senkung der Strafmündigkeit im Nationalrat, online unter: https://www.derstandard.at/story/3000000212797/nationalrat-keine-senkung-der-strafm252ndigkeit. Und: Johannes Huber: Strafmündigkeit unter 14 „nicht vertretbar“, online unter: https://diesubstanz.at/gesellschaft/strafmuendigkeit-unter-14-nicht-vertretbar/

123 WDR: Zu böse? Karnevalsrede über Merz sorgt für Streit, online unter: https://www1.wdr.de/nachrichten/strack-zimmermann-merz-karneval-aachen-100.html

124 Benjamin Moffitt und Simon Tormey: Rethinking Populism: Politics, Mediatisation and Political Style, online unter: https://doi.org/10.1111/1467-9248.12032

125 Mike Levine: ‚No Blame?‘ ABC News finds 54 cases invoking ‚Trump‘ in connection with violence, threats, alleged assaults., online unter: https://abcnews.go.com/Politics/blame-abc-news-finds-17-cases-invoking-trump/story?id=58912889

126 Till Eckert: Irreführende Behauptungen zur Dissertation von Christian Drosten im Umlauf, online unter: https://correctiv.org/faktencheck/hintergrund/2020/11/19/irrefuehrende-behauptungen-zur-dissertation-von-christian-drosten-im-umlauf/

127 Jean-Pierre Ziegler: „Ich bin ein richtiger Doktor“, online unter: https://www.spiegel.de/panorama/justiz/christian-drosten-zeugenaussage-im-prozess-gegen-dauercamper-ich-bin-ein-richtiger-doktor-a-9aa982f7-8773-42c6-8fcf-dd7b4b36310d. Zwei Personen wurden auch verurteilt, siehe: NDR: Drosten-Prozess: Geldstrafen für Camper wegen Beleidigung, online unter: https://www.ndr.de/nachrichten/mecklenburg-vorpommern/Drosten-Prozess-Geldstrafen-fuer-Camper-wegen-Beleidigung,drosten-prozess100.html

128 Marjan Nadim und Audun Fladmoe: Silencing Women? Gender and Online Harassment, online unter https://doi.org/10.1177/0894439319865518

129 Maik Baumgärtner u. a.: Woher kommt dieser Hass, online unter: https://www.spiegel.de/politik/deutschland/angriffe-auf-politiker-woher-kommt-dieser-hass-a-df78460f-957a-43aa-9c78-9770e5b0d814 Und: Süddeutsche Zeitung: Lebenslange Haft nach tödlichem Schuss auf Tankstellen-Mitarbeiter, online unter: https://www.sueddeutsche.de/panorama/idar-oberstein-urteil-mord-1.5656068

130 Der Standard: Lügenvorwurf: Strache entschuldigt sich bei Wolf via „Krone“ und Facebook, online unter: https://www.derstandard.at/story/2000076079475/facebook-posting-strache-und-wolf-einigen-sich-aussergerichtlich

131 Lea Stahel und Sebastian Weingartner: Can legal sanctions reduce cyberviolence? How changes in cost–benefit calculations and norm neutralizations affect self-censorship, online unter: https://doi.org/10.33058/sjs-2024-501

132 Dominik Hangartner u. a.: Empathy-based counterspeech can reduce racist hate speech in a social media field experiment, online unter: https://doi.org/10.1073/pnas.2116310118

133 Presseportal: POL-K: 240116-4-K Mehrere 10.000 Menschen demonstrieren in der Innenstadt – Versammlungsweg geändert, online unter: https://www.presseportal.de/blaulicht/pm/12415/5693339

134 DPA: Fotos von Demonstration gegen Rechtsextremismus aus Köln sind echt, online unter: https://dpa-factchecking.com/austria/240129-99-795586/

135 Polizei NRW K: #PolizeiNRW #Köln #k1601: EILMELDUNG: Die Polizei empfiehlt (...), Tweet vom 16.1.2024, online unter: https://twitter.com/polizei_nrw_k/status/1747346027277922757

136 Pascal Siggelkow: Falsche Behauptungen über Demo-Bilder, online unter: https://www.tagesschau.de/faktenfinder/demonstrationen-rechtsextremismus-bilder-100.htmll

137 Deutsche Welle: Faktencheck: Wie erkenne ich KI-generierte Bilder?, online unter: https://www.dw.com/de/faktencheck-wie-erkenne-ich-ki-generierte-bilder/a-65252413

138 klimafakten.de: Fakt ist: Weit mehr als 90 Prozent der Klimaforscher sind überzeugt, dass der Mensch den gegenwärtigen Klimawandel verursacht, online unter: https://www.klimafakten.de/klimawissen/fakt-ist/fakt-ist-weit-mehr-als-90-prozent-der-klimaforscher-sind-ueberzeugt-dass-der

139 Max Falkenberg u. a.: Growing polarization around climate change on social media, online unter: https://doi.org/10.1038/s41558-022-01527-x

140 Ullrich K. H. Ecker u. a.: The psychological drivers of misinformation belief and its resistance to correction, online unter: https://doi.org/10.1038/s44159-021-00006-y

141 Eva Wackenreuther: Markus Söder hat so nicht zum Frauentag 2024 gratuliert, online unter: https://faktencheck.afp.com/doc.afp.com.34L64DF

142 Shauna M. Bowes und Arber Tasimi: Clarifying the relations between intellectual humility and pseudoscience beliefs, conspiratorial ideation, and susceptibility to fake news, online unter: https://doi.org/10.1016/j.jrp.2022.104220

143 Maximilian Kotz u. a.: The economic commitment of climate change, online unter: https://doi.org/10.1038/s41586-024-07219-0 Die Zahlen zu Österreich findet man hier: ORF.at: Klimaerwärmung lässt Einkommen schmelzen, online unter: https://science.orf.at/stories/3224629/ Dass für Deutschland konkret ein Einkommensverlust von elf Prozentpunkten prognostiziert wird, kommunizierte mir das Institut auf telefonische Nachfrage am 22. April 2024.

144 Katharina Zwins: Faktencheck: Ab wann sich der Umstieg von Verbrenner auf E-Auto lohnt, online unter: https://www.profil.at/faktiv/faktencheck-ab-wann-sich-der-umstieg-von-verbrenner-auf-e-auto-lohnt/402281627

145 Eines (von vielen) Beispielen hierfür: Pascal Kornatz: Nein, Windparks verursachen nicht Trockenheit und Dürre, online unter: https://correctiv.org/faktencheck/2023/06/26/nein-windparks-verursachen-nicht-trockenheit-und-duerre/

146 Lisa K. Fazio und Carrie L. Sherry: The effect of repetition on truth judgments across development, online unter https://doi.org/10.1177/0956797620939534

147 Lisa K. Fazio: Repetition Increases Perceived Truth Even for Known Falsehoods, online unter: https://doi.org/10.1525/collabra.347

148 Shorenstein Center: Misinformation: Why is it a problem and what can we do about it?, YouTube-Video vom 12.3.24, online unter: https://youtu.be/d9j9EUWezzc

149 Jenna Somers: New study reveals correlation between Trump's repeated falsehoods and public misperceptions, online unter: https://news.vanderbilt.edu/2023/09/18/new-study-reveals-correlation-between-trumps-repeated-falsehoods-and-public-misperceptions/

150 archive.today: Welt-Versklavung und Great Reset: So weit sind wir im Sommer 2023, archivierte Version des genannten Online-Artikels, online unter: https://archive.is/3Ec9y

151 archive.today: Journalistin Vicky Richter: „Globalistische Puppenspieler haben Angst, dass Trump an die Macht kommt", archivierte Version des genannten Online-Artikels, online unter: https://archive.is/leYxl

152 Interview 1: archive.today: Alice Weidel: In Deutschland wird Politik gegen das deutsche Volk gemacht!, archivierte Version des genannten Online-Artikels, online unter: https://archive.is/jEFz8 Interview 2: archive.today: Weidel: Deshalb verachte ich diesen schmierigen Spitzelstaat, archivierte Version des genannten Online-Artikels, online unter: https://archive.is/V8Sfa Interview 3: archive.today: Kickl & Weidel: Wende zum Guten wird ein harter Kampf!, archivierte Version des genannten Online-Artikels, online unter: https://archive.is/7B9mN

153 archive.today: Christian Zeitz: Klimakrise ist eine Agenda für die Errichtung einer neuen Weltordnung, archivierte Version des genannten Online-Artikels, online unter: https://archive.is/RT0D4

154 archive.today: Klima-Hysterie und Deindustrialisierung: Steht Deutschland vor dem Zusammenbruch?, archivierte Version des genannten Online-Artikels, online unter: https://archive.is/plnSf

155 Shorenstein Center, a.a.O.

156 Es gibt online viele hilfreiche Tipps und Grafiken zum Ausbau von Desinformation, siehe zum Beispiel: Bundeszentrale für politische Bildung: #StopFakeNews – Fake News erkennen, online unter https://www.bpb.de/themen/medien-journalismus/stopfake-news/

157 Ecker u. a., a.a.O.

158 Hollyn M. Johnson und Colleen M. Seifert: Sources of the Continued Influence Effect: When Misinformation in Memory Affects Later Inferences, online unter: https://doi.org/10.1037/0278-7393.20.6.1420

159 Gabrielle Settles: Video of children in cages predates Israel conflict; uses stock audio track | Fact check, online unter: https://eu.usatoday.com/story/news/factcheck/2023/10/17/video-of-children-in-cages-predates-israel-hamas-war-fact-check/71168982007/

160 Ecker u. a., a.a.O.

161 Tania Röttger: Hundeverbot? Angebliches Zitat von Annalena Baerbock ist ein Fake, online unter: https://correctiv.org/faktencheck/2021/04/22/hundeverbot-angebliches-zitat-von-annalena-baerbock-ist-ein-fake/

162 Marcia Apperson: Consider Using a ‚Truth Sandwich' to Counter Misinformation, online unter: https://www.pbs.org/standards/blogs/standards-articles/what-is-a-truth-sandwich/

163 Eric Bradner: Conway: Trump White House offered ‚alternative facts' on crowd size, online unter: https://edition.cnn.com/2017/01/22/politics/kellyanne-conway-alternative-facts/index.html

164 Valerie Schmid und Florian Schmidt: Bereits frühe Belege für mögliche Butscha-Verbrechen, online unter: https://apa.at/faktencheck/bereits-fruehe-belege-fuer-moegliche-butscha-verbrechen/

165 Sean Illing: „Flood the zone with shit": How misinformation overwhelmed our democracy, online unter: https://www.vox.com/policy-and-politics/2020/1/16/20991816/impeachment-trial-trump-bannon-misinformation

166 European Environment Agency: Global and European temperatures, online unter: https://www.eea.europa.eu/en/analysis/indicators/global-and-european-temperatures

167 Der Standard: Mehrheit in Österreich für Privatjet-Verbot und Kerosinsteuer, online unter: https://www.derstandard.at/story/3000000196060/mehrheit-in-oesterreich-fuer-privatjet-verbot-und-kerosinsteuer

168 OECD: Lesen im 21. Jahrhundert. Lesekompetenzen in einer digitalen Welt. Deutschlandspezifische Ergebnisse des PISA-Berichts „21st-century readers", online unter: https://www.oecd.org/pisa/PISA2018_Lesen_DEUTSCHLAND.pdf

169 Jürgen Habermas: Theorie des kommunikativen Handelns. Band 1: Handlungsrationalität und gesellschaftliche Rationalisierung. Frankfurt am Main: Suhrkamp 1995, S. 47

170 Konstantin Kumpfmüller: „Die Menschen feiern die Demokratie", online unter: https://www.tagesschau.de/inland/gesellschaft/demonstrationen-gegen-rechtsextremismus-102.html

171 Eine solche Grafik findet sich z. B. hier: William Brennan und Margo A. Jackson: A Qualitative Examination of Dialogical Elements in Anti-Racist Deep Canvassing Conversations, online unter: https://doi.org/10.1177/00110000211055408

172 TheLeadershipLAB: Leadership LAB Conversation with a Voter about Transgender Rights, YouTube-Video vom 7.4.16, online unter: https://youtu.be/2663J2d3VY4

173 David Broockman und Joshua Kalla: Durably reducing transphobia: A field experiment on door-to-door canvassing, online unter: https://doi.org/10.1126/science.aad9713

174 Joshua L. Kalla und David E. Broockman: Reducing Exclusionary Attitudes through Interpersonal Conversation: Evidence from Three Field Experiments, online unter: http://dx.doi.org/10.1017/S0003055419000923

Alle Weblinks wurden am 11.5.2024 abgerufen.

Abbildungen

S. 17 In Anlehnung an Studie von William J. Brady u. a.: An Ideological Asymmetry in the Diffusion of Moralized Content on Social Media Among Political Leaders

S. 31 o. Österreichischer Demokratie Monitor 2023, durchgeführt vom Meinungsforschungsinstitut Foresight

S. 31 u. ZDF-Politbarometer, durchgeführt von der Mannheimer Forschungsgruppe Wahlen im April 2023

S. 35 In Anlehnung an Studie von Luiza A. Santos u. a.: Belief in the Utility of Cross-Partisan Empathy Reduces Partisan Animosity and Facilitates Political Persuasion

S. 45 In Anlehnung an Studie von Susannah B. F. Paletz u. a.: Emotional content and sharing on Facebook: A theory cage match

S. 59 In Anlehnung an Befragung „How U.S. Adults Use TikTok“ des Pew Research Center im August 2023, Autor: Samuel Bestvater

S. 64 Auswertung des Politik- und Kommunikationsberaters Johannes Hillje, Untersuchungszeitraum: 10.03.23 bis 10.03.24

S. 66 In Anlehnung an die Studie von J. Nathan Matias: Preventing harassment and increasing group participation through social norms in 2,190 online science discussions

S. 83 Matthew Levendusky: Our Common Bonds. Using What Americans Share to Help Bridge the Partisan Divide. London: University of Chicago Press 2023 (Grafik mit leichten Änderungen übernommen)

S. 115 In Anlehnung an Studie von Dominik Hangartner u. a.: Empathy-based counterspeech can reduce racist hate speech in a social media field experiment

S. 123 Grafik in Anlehnung an klimafakten.de/konsens

S. 134 In Anlehnung an Megastudie unter Federführung von Lisa Fazio, siehe Shorenstein Center a.a.O.

S. 150 In Anlehnung an Deep-Canvassing-Materialien, siehe z. B. Studie von William Brennan und Margo A. Jackson: A Qualitative Examination of Dialogical Elements in Anti-Racist Deep Canvassing Conversations

Die Autorin

Ingrid Brodnig ist Expertin für die gesellschaftlichen Auswirkungen von Digitalisierung und Debattenkultur. Die Autorin, Journalistin und Kolumnistin der Tageszeitung Der Standard hält Vorträge und Workshops und gibt Tipps, wie man auf Phänomene wie Hassrede oder Desinformation reagieren kann. 2021 erschien ihr Bestseller *Einspruch! Fake News und Verschwörungsmythen kontern*. Für ihre Arbeit erhielt Ingrid Brodnig zahlreiche Auszeichnungen, darunter den Bruno-Kreisky-Sonderpreis für das politische Buch.

LIEBE LESER:INNEN,

bleiben wir in Verbindung!
Wir freuen uns auf Ihre Anregungen, Kritik und Wünsche.

leserbrief@brandstaetterverlag.com

Christian Brandstätter Verlag GmbH & Co KG
Wickenburggasse 26, 1080 Wien
Tel: +43 1 512154320

Viele weitere Leseinspirationen und Geschenkideen finden Sie unter
www.brandstaetterverlag.com

1. Auflage, 2024

ISBN: 978-3-7106-0812-4

Satz, Grafik und Covergestaltung: Johanna Kurz
Lektorat: Matthias Michel
Projektleitung: Judith E. Innerhofer

Papier: Salzer EOS 1,5-fach (FSC®- und PEFC-zertifiziert)
Gedruckt in der EU

WIR TRAGEN VERANTWORTUNG

Aus diesem Grund haben wir uns auf den Weg gemacht, um unseren Einfluss auf das Klima und auf den Planeten zu minimieren. Anstelle von Kompensationszahlungen, und über die üblichen Umweltlabel hinausgehend, haben wir uns das Ziel gesteckt, den CO_2-Ausstoß auf allen Ebenen signifikant zu verringern – entlang der gesamten Wertschöpfungskette von der Idee bis zum Buch in Ihren Händen. Mehr Informationen finden Sie unter

www.brandstaetterverlag.com/nachhaltigkeit